KINZAI バリュー叢書

日常生活支援から始まる成年後見事業

野村総合研究所
尾川　宏豪

［著］

一般社団法人
全国地域生活支援機構

一般社団法人 金融財政事情研究会

■はじめに

　人は老いを避けることはできません。医療が発達した現代では、介護や認知症を避けて穏やかな老後を迎えることはむずかしくなっています。介護保険制度と成年後見制度は、2000年、同時にスタートしましたが、介護保険制度の利用が600万人であるのに対し、成年後見制度はわずか19万人にとどまっています。私たちは、暮らしの安全や社会保障について、長い間、国や自治体に頼ってきましたが、国や自治体にできることには限界があります。高齢者が、将来、自分が望むような暮らしを送るためには、これまでの振返り、自分の人生をリデザインすること、自分の人生や最期は自分で決めるという自己責任の考え方を徹底することが必要になるでしょう。

　私が提言する成年後見事業は、金融機関と市民団体の協働によって、日常生活支援から成年後見の利用まで一貫して支援する、ワンストップソリューションです。いわゆる日常生活支援とは、買い物、炊事洗濯、付き添い等のことですが、話し相手や相談相手からスタートし、ヒト・モノ・カネに関するさまざまな悩みやニーズに応え、判断能力の低下がみられるときは、成年後見の利用まで支援する。これを市民団体と役割を分担し、高齢者や家族に安心・安全を感じてもらうビジネスモデルです。

　医療・介護・福祉・法律の専門職ではなく、あまねく事例に通じているわけでもない私にとって、本書は、高齢者や障害者

の生活支援や後見活動に日々努力されておられる、多くの皆様のご協力の賜物であります。仮認定NPO法人市民後見センターさいたまの中田理事長、一般社団法人しんきん成年後見サポートの吉原理事長、NPO法人市民後見サポートセンター和の堀野理事長からは、市民目線の活動について多くの学びをいただきました。また、全国マイケアプランネットワークの島村八重子氏や、独立行政法人水資源機構の山梨恵子氏には、介護保険や認知症施策、地域包括ケアについて、さまざまなご教示を賜りました。ウエルシアホールディングス㈱様も、ウエルカフェの情報提供に快く応じていただきました。社会福祉法人品川区社会福祉協議会の斎藤修一氏には、実務家視点での成年後見制度の問題について、多くのご示唆を賜りました。ほかにもご協力をいただいた多数の皆様、金融財政事情研究会出版部長の田島正一郎氏には、深く御礼を申しあげます。

　成年後見事業の主役である金融機関と市民団体の皆様には、ぜひ成年後見事業に積極的に取り組んでもらいたいと願っています。親の老後問題について、子どものほうから切り出すことはむずかしいものです。本書が、ご家族での介護や相続を話題にするきっかけづくりになれば、望外の喜びです。

　2016年6月

尾川　宏豪

目　次

序章
成り行き任せにしない自分の老後

- (1) 高齢者が直面する問題 …………………………………… 2
- (2) 新たな継承の仕組み …………………………………… 4
- (3) 自己決定・意思表示を始めるとき ………………………… 8
- (4) 高齢者のホンネ ………………………………………… 10
- (5) 成年後見制度に対する利用者の気持ち …………………… 11
- (6) 「現代版隠居」のススメ ………………………………… 15

第1章
超高齢社会の現状から考える日常生活支援の必要性

- 1 超高齢社会の光と影 ……………………………………… 18
  - (1) 長寿社会が抱える深刻な悩み …………………………… 18
  - (2) 高齢者を取り巻く問題 …………………………………… 23
  - (3) 低下する社会の支援力 …………………………………… 29
- 2 超高齢社会の問題解決に向けて ………………………… 35
  - (1) 地域包括ケアシステム …………………………………… 35
  - (2) 介護給付における生活援助 ……………………………… 40
  - (3) 日常生活支援の必要性 …………………………………… 41

第 2 章
成年後見制度の現状から考える日常生活支援の重要性

1　岐路に立つ成年後見制度 ･･････････････････････････････････ 46
(1)　制度の概要 ･･ 46
(2)　制度の利用状況 ･･ 48
(3)　理想と現状のギャップ ････････････････････････････････････ 56
(4)　問題点と課題 ･･ 58

2　成年後見制度の問題解決に向けて ･･･････････････････････ 61
(1)　進化する成年後見制度 ････････････････････････････････････ 61
(2)　一人称の成年後見 ･･････････････････････････････････････ 66
(3)　成年後見制度の三種の神器 ････････････････････････････････ 72
(4)　成年後見制度利用促進法 ･･････････････････････････････････ 80
(5)　日常生活支援の重要性 ････････････････････････････････････ 82

第 3 章
社会保障と権利擁護の起点となる日常生活支援

1　高齢者施策の起点となる日常生活支援 ･･････････････････ 88
(1)　高齢者施策の真髄 ･･････････････････････････････････････ 88
(2)　日常生活支援の意義 ････････････････････････････････････ 90
(3)　日常生活支援がもたらす効果 ････････････････････････････････ 94
(4)　きっかけとなる介護 ･････････････････････････････････････ 97

2　日常生活支援への取組み ･････････････････････････････････ 108

(1)	行政・自治体	108
(2)	大学等研究機関	116
(3)	民間企業	120
(4)	持続可能な仕組みの確立に向けて	127

第4章
市民団体が取り組む成年後見事業

1 成年後見事業の担い手 …………………………………………………… 133
(1) 第三セクターの必要性 ………………………………………………… 133
(2) 市民・市民団体の役割 ………………………………………………… 133
2 NPOさいたまの取組み ………………………………………………… 135
(1) 成立ちと運営体制 ……………………………………………………… 135
(2) 活動の状況 ……………………………………………………………… 142
(3) 今後の展望と将来の発展に向けた課題 …………………………… 150
3 プラットフォームの提供 ………………………………………………… 152
(1) 全体最適に必要な機能──接着剤 ………………………………… 152
(2) 全国地域生活支援機構 ………………………………………………… 153

第5章
金融機関の成年後見事業への取組み

1 金融機関への示唆 ………………………………………………………… 158
(1) 判断能力低下時期の顧客保護 ………………………………………… 158

(2) エンディングノートのポテンシャル ……………………………… 160
　(3) 地域包括ケアの実践 ……………………………………………… 165
　(4) 個人情報の重要性 ………………………………………………… 166
2　東京都品川区の5信用金庫と
　　しんきん成年後見サポート ………………………………………… 169
　(1) 背景・問題意識 …………………………………………………… 169
　(2) 活動の状況 ………………………………………………………… 171
　(3) 今後の展望と課題 ………………………………………………… 177
3　西武信用金庫と市民後見サポートセンター和 ……………………… 180
　(1) 背景・問題意識 …………………………………………………… 180
　(2) 活動の状況 ………………………………………………………… 181
　(3) 今後の展望と課題 ………………………………………………… 187
4　金融機関の取組意義 …………………………………………………… 191
　(1) 成年後見制度の普及と発展
　　　──権利擁護のゲートキーパー ………………………………… 191
　(2) 地域経済の活性化──インターフェース機能 ………………… 192
　(3) 地域のコミュニティづくり──「場」の提供 ………………… 194
5　成年後見事業の概要 …………………………………………………… 196
　(1) ビジネス領域と事業展開 ………………………………………… 196
　(2) 事業スキーム ……………………………………………………… 199
　(3) 運営主体と設立方法 ……………………………………………… 200
6　金融機関の取組メリット ……………………………………………… 202
　(1) 金融取引の安全性 ………………………………………………… 202
　(2) 成年後見制度へのスムースな移行 ……………………………… 202

(3) 相続・承継ビジネス等への波及効果 ················· 203
(4) 地域社会への貢献 ················· 204
(5) 将来のビジネスの発展形 ················· 205

第 6 章
成年後見事業の課題と展望

1 地域社会 ················· 208
2 市民・市民団体 ················· 212
3 金融機関 ················· 214

■おわりに ················· 218
【参考資料・参考文献】 ················· 220

成り行き任せにしない自分の老後

(1) 高齢者が直面する問題

現代社会の高齢者は、日常生活でさまざまな問題に直面する。以下の8つの事例は、成年後見制度の利用相談でよく聞かれるケースである。すでに当事者として経験しているとか、身近な知人や友人から相談を受けている場合も少なくないだろう。このような相談を受けた場合、あなたはどのようなアドバイスを贈るべきだろうか。

定期預金が下ろせない

足の悪いAさん(80歳)は、かかりつけの医師から軽度の認知症だといわれています。

Aさんは、銀行に預けてある定期預金の満期がくるので、娘に解約手続を頼みました。娘は、銀行に出向きましたが、銀行員から、成年後見人を選任してほしいといわれて、解約手続をすることができませんでした。

認知症の親が被害に遭わないか心配

Bさんには、離れて暮らす一人暮らしのお母さん(80歳)がいます。お母さんは2年前から軽度の認知症です。

今年のお正月に帰省すると、自宅には食べきれないほどの健康食品が置いてあります。お母さんに聞いても要領を得ません。Bさんは、お母さんが悪徳商法にひっかかっているのではないか、とても心配になりました。

介護施設への入所手続ができない

　Cさんが身の回りの面倒をみている叔母さん（75歳）は、中度の認知症です。

　叔母さんは身の回りのことが1人ではできなくなってきています。Cさんは、介護施設に入所させようとしましたが、介護施設から、身元保証人になってほしいといわれて困ってしまいました。

賃貸借契約ができない

　Dさんの叔母さん（78歳）は、中度の認知症です。両親から受け継いだアパートとビルを保有しており、賃料収入があります。

　叔母さんは、認知症が進み、テナントとの交渉などがむずかしくなってしまいました。Dさんが調べてみると、家賃の滞納があってもほったらかしになっている契約があるようです。

遺産分割手続ができない

　Eさんのお父さんは、先月肺炎で亡くなりました。Eさんには、重度の認知症のお母さん（75歳）と2人の弟がいます。

　遺言書がなかったので、遺族みんなで遺産分割をすることになりましたが、認知症のお母さんは遺産分割のようなむずかしい話を理解することができません。兄弟3人も昔から仲が悪く、きちんと話し合いができない状態です。

保険金請求手続ができない

Fさんのお父さんは、先月亡くなりました。Fさんには、重度の認知症のお母さん（80歳）がいます。

お父さんは、生命保険に加入しており、受取人はFさんのお母さんです。お母さんは認知症のため、保険金の請求手続をすることができず、Fさんは困ってしまいました。

認知症の妻の将来が不安

Gさん（80歳）には、軽度の認知症の妻（78歳）のほかに、長女（50歳）と長男（48歳）がいます。

長女はしっかり者ですが、結婚して海外で暮らしているのですぐには頼りにできません。一方長男は道楽者なので、自分が亡くなった後、妻の身の回りの世話をしてくれるかどうか不安になっています。

知的障害者の娘の将来が不安

Hさん（60歳）は、昨年夫に先立たれました。Hさんには、中度の知的障害者の娘（32歳）がいます。Hさんは、将来自分が亡くなった後、娘の面倒をだれがみてくれるのかとても心配になっています。

(2) 新たな継承の仕組み

日本では、戦前まで家父長制度・家制度が続いていた。旧民法の隠居制度では、生前でも戸主の地位たる家督を譲ることに

よって、本人が元気なうちに、次世代にバトンを渡す仕組みがあった（図表序－1）。戦後、日本国憲法の施行によって、個人の尊厳の理念のもと、さまざまな自由や権利が保障されるようになった。民法家族法の改正によって、家制度・隠居制度は廃止になった。相続も、長子単独相続から本人の死亡による法定相続分に従った財産移転に変更された。ただ、三親等内の親族間には扶養義務があり、戸籍や檀家制度、家の墓地など、家制度の名残のような制度風習が残っているうえ、社会保障制度は、基本的に世帯単位で運営されており、社会の仕組みが、すべて個人単位に切り替わったわけではない。

最期まで自分のことは自分で決めることができるようになったというのは、最期まで自分のことは自分で決めなければなら

図表序－1　旧民法上の隠居制度

［意義］
・旧民法における隠居とは、戸主が生前に家督（戸主の地位）を相続人に譲ることを指す。
・隠居制度には、普通隠居と特別隠居がある。

［普通隠居の要件］
①　満60歳以上である。
②　行為無能力者ではない家督相続人が、相続の単純承認をする。

［特別隠居の要件］
①　戸主が病気で家政を執ることができない。
②　本家を家督相続することにより現戸主を務めることができない。
③　女戸主である。

ないということでもある。われわれは、家制度・隠居制度にかわる制度、さまざまな問題を抱える超高齢社会の実情にあわせて、最期まで自分の意思や希望を貫きつつ、家族の安心と財産保全を図る「新たな継承の仕組み」、いわば「現代版隠居」とでも呼ぶべき制度をつくっていく必要があるのではないかと思う。

「新たな継承の仕組み」は、生前における財産の移転・配分の決定にとどまるものではなく、代理人や見守りなど日常生活に関すること、医療同意や事前指示など生命に関すること、葬儀や埋葬など死後の事務に関することなどを包含する広い概念と考えられる。その中核に位置するのが、成年後見制度、特に任意後見である（図表序－2）（成年後見制度の詳細については第2章を参照）。任意後見やさまざまな制度は、判断能力が十分にあることを前提とする、能動的な自己決定補完制度である。逆に、法定後見は、判断能力が不十分になってから利用する、受動的な自己決定補完制度である（図表序－3）。

人生最期の瞬間まで、すべてにわたって自己決定することはむずかしい。高齢者になったら判断能力の低下により自己決定できなくなったときに備えて、だれに、何を、どこまで任せるかを決めておくことが大切だと考えられる（図表序－4）。他人に任せる事項や範囲を決めることは、自己決定の事項や範囲を決めることでもある。あえて何も決めないことも自己決定の1つである。

自己決定や意思表示には、法律上の意思表示のほかに、日記

図表序-2　新たな継承の仕組み──中核となる任意後見

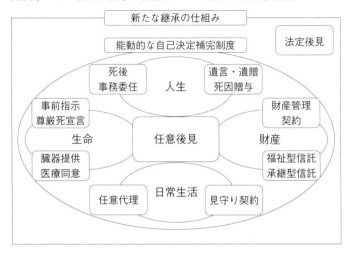

図表序-3　能動的な自己決定補完制度と受動的な自己決定補完制度

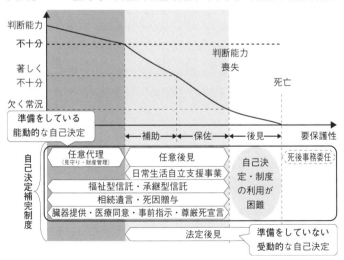

図表序−4 継承のための自己決定・意思表示
　　　　　——自分の人生は自分で決める

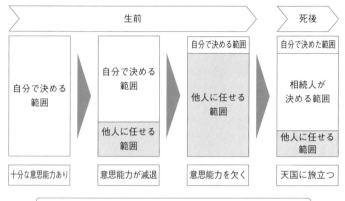

やエンディングノート等、法律上の意思表示ではないものの、自分の気持ちの表明や意思を推測させる情報の2種類がある。法律上の意思表示となると軽々には決められないと考える人も多かろう。そこで、自分の気持ちの表明や意思を推測させる情報が重要な意味をもつ。

(3) 自己決定・意思表示を始めるとき

「新たな継承の仕組み」のための自己決定・意思表示は、選択肢が多い元気なうちから準備を始めることが望ましいと思われるが、いつ頃から始める（いつ頃までにする）のがよいのだろう。

判断能力は、体温や血圧のように明確に数値で測定できるわけではない。本人は、以前とは違うことに多少不安を感じていても、それを認めたくない気持ちも働く。介護や認知症の問題は突然やってくることが少なくない（図表序－5）。病気・誤飲・転倒といった体調の変化もあれば、配偶者との死別・離婚・転居といった生活環境の変化もある（図表序－6）。体調変化が重篤な場合には、その後の自己決定がむずかしくなるおそれもある。

　自己決定をする時期は、早いに越したことはない。高齢者になる前に、高齢者になる準備をするのが理想である。判断能力の低下は健康や身体上の問題と相関すると考えると、1つの目

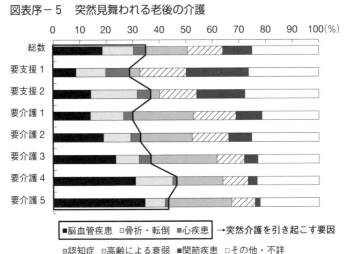

図表序－5　突然見舞われる老後の介護

（出所）　厚生労働省「国民生活基礎調査（平成25年）」より作成

図表序−6　判断能力の低下は些細なきっかけ

安は健康寿命の年齢である。病気で入院した時、介護保険の利用を申請する時は、最初の自己決定・意思表示を行っておくべきタイミングである。どんなに遅くとも、日常生活にミスが目立ち始める時期には必要である。自己決定・意思表示は、一度では決められないことも多いため、繰り返し行うことが望まれる。

(4) 高齢者のホンネ

　私がこれまで接してきた高齢者をみていると、高齢者は、寂しがり屋である半面、子どもには迷惑をかけたくないという気持ちは強い。お金や家族のことなど気がかりなことは多いが、これまで自分で適切に自己決定してきたというプライドもある。自分の将来のことは、決めたくない（本当は決められな

い)、指図されたくない、しかし相談相手がいない、どうすればいいかわからないなどの気持ちがない交ぜになっているように感じる。

　高齢者は、元気な間に、自己決定することの必要性や重要性を理解したとしても、ただちに準備に取り掛かるとは限らない。高齢者になる前から、主体的に尊厳死宣言の準備や、遺言の作成に取り組む人もいれば、自分はまだ元気だから、亡くなるまでに自己決定すればいいという成り行き任せの人生観をもつ人もいる。そこで、高齢者の背中を押す「時期」や「タイミング」には仕掛けが必要であり、気持ちを開かせるためには、自己決定の「順序」や「相談者」にも工夫を凝らすことが求められる。

(5) 成年後見制度に対する利用者の気持ち

制度の利用に対する社会的なコンセンサス

　日本では、配偶者や子どもが、年老いた親のかわりに契約手続をすることは、社会通念上当然のことであるとして、社会全体が容認してきた歴史がある。高齢者は、自分で判断し、契約することがむずかしいときには、家族に手続を任せることが多かった。契約の相手方も、「家族だから」ということで、家族による代理・代行を許容してきた。しかし、核家族化や権利意識の高まりにより、そのような契約慣行が成り立たなくなっている。

　本人に通常の判断能力がある場合、相手方は一般的な取引

ルールに従って契約を行う一方、本人が成年後見制度を利用している場合には、相手方は後見人との取引ルールを設けて契約を行うという契約慣行ができている。しかし、判断能力が減退・低下・欠如しているにもかかわらず、本人が成年後見制度を利用していない場合、明確な取引ルールがない（図表序－7）。このような場合、相手方は、一般的な取引ルールを適用することになるので、後日のトラブルにつながることが多い。

　このように、現在は、成年後見制度を利用していない判断能力が不十分な者に対する契約のあり方や、成年後見制度に対する知識が十分に成熟していない。社会的なコンセンサスが不十分な状況では、成年後見制度の利用が伸び悩むのも、やむをえないともいえる。

図表序－7　取引対応ルールの必要性

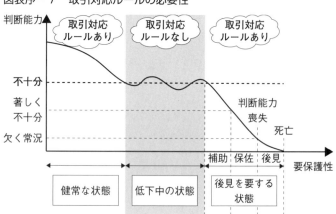

制度や仕組みをよく知らない

　成年後見制度を知らない人も多い。言葉は知っていても、利用の必要性やメリット、仕組みや運営状況を十分に理解している人は少ない。利用者となる本人や家族ばかりでなく、医療・介護事業者、福祉関係者など周囲の関係者が、制度をよく知らないケースも散見される。介護保険制度と同様、成年後見制度も15年が経過し、運用面での改善もみられるが、知られていないことも多く、情報アクセスへの工夫も求められる。

　成年後見制度を利用する多くのケースは、周囲の事情から利用の必要性に迫られて、追い込まれて成年後見の申立てを行っており、元気なうちから自分の老後に向き合って、老後の人生設計の１つの手段として、成年後見制度の利用を考える高齢者はまだ少数派である。

　介護保険制度と成年後見制度は、しばしば「車の両輪」と表現される。要介護度が進むにつれ、自分にあった介護や福祉のサービス内容を選択し決定するためには、成年後見制度を利用しなければならなくなる時がくる。現状では、介護保険の利用に際しての成年後見制度の紹介や説明は十分でないように思われる。

制度や仕組みがわかりにくい・なじみにくい

　高齢になり、心身に不安を感じるようになった時、年老いた親は、子どもや家族を頼りたい、子どもの側からみれば、親の面倒をみたいと思うのは、きわめて自然な考え方である。しか

し、現行の成年後見制度は、判断能力が不十分な人を法的に保護する「公的な制度」であり、家庭裁判所から選任された後見人は、「公人」としての性格を有することになる。後見人が家族であるからといって特別扱いされることはない。特に、同居の家族が後見人である場合、親と一緒に食事や旅行をしたときに、親が親切でお金を出してくれていたのに、家族の間であってもお金の分別管理を義務づけられることや、本人もやっていなかった家計の収支管理を義務づけられることなど、重厚な制度に疑問を感じる家族も多いのではないだろうか。

ニーズを訴える声

　成年後見制度の普及が不十分な現状では、高齢者から、成年後見制度を利用したいという声をあげてもらうことを期待するのはむずかしい。見守りや支援が必要な人ほど、それを積極的に求めないことが多い。「見守りや支援は要らない」という高齢者本人に対するアウトリーチの方法を工夫する必要がある。家族、医療・介護事業者、自治体や福祉関係者、近所の住民等による、声掛けや見守りはきわめて重要である。

　「Nothing about us without us（私たち抜きに、私たちのことを決めないで）」とは、1980年代から、障害者や障害者団体の間で使用されてきた有名な言葉であるが、成年後見制度でも同じことがいえる。成年後見制度の普及には、後見ニーズを訴える声を大きくしていくことが欠かせないと考えられる。

(6) 「現代版隠居」のススメ

「現代版隠居」とは、早めの自己決定や事前の意思表示を行い、新たな継承の仕組みを利用することによって、残された人生を自分でリデザインすることである。高齢者の自己決定を促すためには、家族を継承する制度・仕組みの整備や利便性の向上だけでは不十分である。利用を促進するための背中を押す仕掛け、すなわち繡活が必要となる。繡活は、家族を継承する仕組みの利用を促すきっかけづくりであり、意識づけ・動機づけである。成年後見の利用は、他人の力を借りて隠居を行うことに似ているが、「現代版隠居」とは、単に成年後見制度の利用に限るものではない。任意後見を中核とする能動的な自己決定補完制度を整え、繡活によってその利用を促進するという大きな概念と考えられる（図表序 − 8）。

晩年から終末期にかけては、長い人生の終着点、画竜点睛の時期である。「終活」は、人生の終わりのための活動の略語とされ、人生の総括を意味するとされるが、同時に人生を豊かに彩る活動（color your life）であってほしいという願いを込めて、私は、「終」のかわりに刺繡の「繡」（ぬいとり）の字を充てている。

高齢者は、穏やかに人生の最期を迎えるためには、日常の暮らし、医療や介護への要望、終末期の過ごし方、死後のことなどについて、無知や無関心、成り行き任せではいられない時代がきていると私は思う。1人でも多くの高齢者が、目標時期を

図表序−8 「現代版隠居」制度全容図

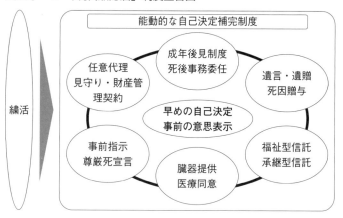

決めて、元気なうちに自己決定・意思表示をすませるには、「現代版隠居」への取組みが、社会全体のムーブメントになることが望まれる。

　介護保険の利用の有無にかかわらず、心身に不安を抱える高齢者に対しては、明日からの支援をどうするかが問題である。そのカギは日常生活支援にある。第1章では、超高齢社会の現状から日常生活支援の必要性について説明し、第2章では、成年後見制度の現状から日常生活支援の重要性について説明する。

第 1 章

超高齢社会の現状から考える日常生活支援の必要性

1 超高齢社会の光と影

(1) 長寿社会が抱える深刻な悩み

課題は健康寿命の延伸

　日本は、男女合計の平均寿命が84歳と、世界に冠たる長寿国であるが、昨今では、もう１つの寿命ともいえる、健康寿命への関心が高まっている。健康寿命とは、「健康上の問題で日常生活が制限されることなく生活できる期間」とされる（図表１−１）。平均寿命と健康寿命の差は、「日常生活が制限され

図表１−１　課題は健康寿命の延伸

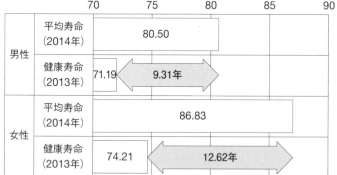

平均寿命：０歳の平均余命
平均余命：ある年齢における後何年生きられるかという期待値
健康寿命：健康上の問題で日常生活が制限されることなく生活できる期間

（出所）「平成27年版高齢社会白書」などから作成

る」期間となるが、この期間中はずっと要介護状態であるとか、寝たきりであるということを意味するものではない。ちなみに、平均介護期間は4年11カ月とされているが、10年を超える長期のケースもある。

　最近では、65歳を超えてもはつらつとしたアクティブな高齢者も増加しているが、人間の身体は、一般的に70歳前後で耐用年数がくるともいわれる。国民一人ひとりが、いかに長く生きるかではなく、いかに豊かに生きるかというQOL（＝Quality Of Life　生活の質）の発想転換を迫られている。

後期高齢者の増加

　日本は、平均余命の延伸と出生率の低下により、2007年に超高齢社会に突入した。翌年には、総人口もピークを迎え、以来すでに100万人の人口が減少した（図表1－2）。今後の超高齢社会の最大の留意点は、後期高齢者人口の増加である。2015年までは、前期高齢者のほうが後期高齢者の数を上回っているが、2020年には両者は逆転し、その差は開いていく。アクティブな前期高齢者が減っていくかわりに、介護・認知症のリスクが高まる後期高齢者がふえていくところに、高齢者問題の深刻さが現れている。

　少子高齢化の進展により、人口構造のかたちにも大きな変化がみられる（図表1－3）。2025年には、国民1.9人で1人の高齢者を支えなければならなくなる。

図表1-2 高齢化の推移と将来推計

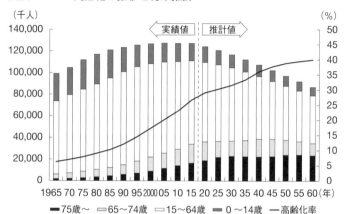

(出所) 1965〜2010年：総務省「国勢調査」／2015年：総務省「人口推計（平成27年10月確定値）」／2020年〜国立社会保障・人口問題研究所「将来推計人口（平成24年1月推計）出生中位・死亡中位仮定」より作成

図表1-3 人口構造の変化

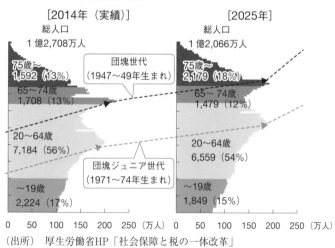

(出所) 厚生労働省HP「社会保障と税の一体改革」

増加する要介護認定者

 2000年にスタートした介護保険は、毎年利用者が増加し、要介護認定者数は、足下600万人を超えている（図表1－4）。従来の自治体による介護福祉という「措置」から、利用者の選択による介護事業者との「契約」のスタイルは十分定着してきたといえる。

 しかし、膨張する社会保障費の抑制という方針のもと、介護給付についても見直しが行われている。2015年度から始まった第6期では、訪問介護・通所介護の予防給付については、自治体が取り組む地域支援事業に移行が始まり、特別養護老人ホームの新規入居者は、要介護度3以上になるなどの制度変更が行われた。

図表1－4　ふえ続ける要介護認定者（65歳以上）

（出所）　厚生労働省「介護保険事業状況報告（年報）」より作成

国家的問題となる認知症

　厚生労働省の発表によれば、認知症高齢者数は、2025年には、700万人になると推計されている（図表1-5）。

　認知症施策の歴史を振り返ると、1990年代には、認知症対応型のデイサービスやグループホーム等が始まり、2013年に、厚生労働省による「認知症施策推進5カ年計画（通称オレンジプラン）」がスタートした。2014年、主要7カ国による認知症サミットが日本で開催され、認知症の問題は、国家的な問題として認識されることになった。2015年1月からは、厚生労働省と

図表1-5　認知症高齢者の現状と将来推計

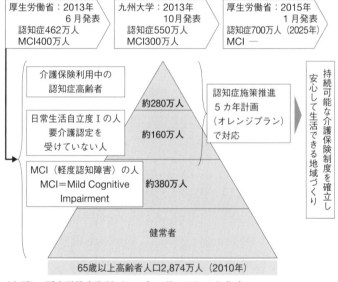

（出所）　厚生労働省資料（2013年6月7日）より作成

関係省庁横断で取り組む「認知症施策推進総合戦略〜認知症高齢者等にやさしい地域づくりに向けて〜（新オレンジプラン）」がスタートしている。

(2) 高齢者を取り巻く問題

介護や認知症を要因とする財産トラブルや生命の危険が増えている。高齢者は、加齢による判断能力低下に加え、多額の貯蓄という特徴があることから、犯罪やトラブルに巻き込まれやすい。ごく普通の老後を送っていた高齢者が、ふとしたことから老後破産に至る事例が身近に起きている。

日常生活の支障

要介護状態や認知症にならずとも、心身の状態が低下してくると、日常生活にさまざまな支障がみられる。買い物、食事の支度、家事全般、外出等である。特に、地域の過疎化や小売店の撤退などにより、（現在約700万人いるとされる）買物弱者は増加傾向にある。東京圏や東京23区ですら例外ではなく、足腰が不自由・重い荷物がもてない高齢者にとっては、店舗と自宅の数百メートルの距離が切実な問題となっている。

虐　　待

虐待には、身体的虐待ばかりでなく、心理的虐待やネグレクト（世話の放棄）、経済的虐待が含まれる。2006年施行の高齢者虐待法では、虐待のおそれがあると思われた段階で、発見者に

は自治体への通報義務がある。厚生労働省の発表では、2015年度の虐待判断件数は1万6,000件、相談・通報件数は2万7,000件にのぼり、徐々に増加傾向にある。

財産被害・特殊詐欺

国民生活センターの発表によれば、70歳以上の高齢者からの相談件数は年々増加し、2014年度も約20万件と高水準にあり、相談割合の20％を占める（図表1－6、1－7）。

医師らが行った聞き取り調査によれば、認知症の推定被害総額は、経済被害（本来なら考えられない出費）で約5兆円、機会損失（本来得られるはずであった社会参加機会や収入の損失・予期せぬ出費）で約18兆円にものぼる（図表1－8）。

振り込め詐欺等の特殊詐欺（図表1－9）も一向に沈静化しない。警察庁の発表によれば、2015年の被害総額は約480億円（うち高齢者は約8割）、過去最悪だった前年（565億円）よりは減少したものの、依然として高水準にある（図表1－10）。金融機関にとっても、振り込め詐欺対策は頭痛の種であろう。ATMコーナーでの注意喚起や、窓口での振込手続等における声掛けの意識は高まっているが、手口は巧妙化し、プロモーション的な対策だけではもはや限界にきているように思われる。成年後見制度への道筋をつける意味でも、代理人取引の推進や、後見的・監視的な機能を付与した預金口座の提供などの取組みが望まれる（第2章2(3)成年後見制度の三種の神器）。

図表1-6　70歳以上の相談件数（推移）

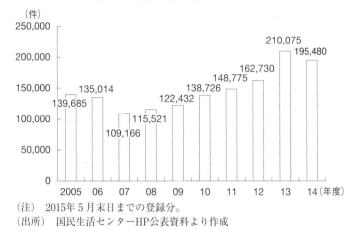

（注）　2015年5月末日までの登録分。
（出所）　国民生活センターHP公表資料より作成

図表1-7　70歳以上の相談件数（販売方法・手口別）
［2014年度（2015年5月末日までの登録分）］

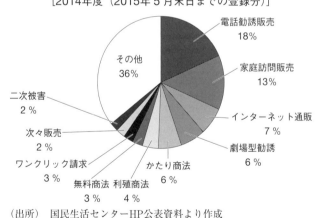

（出所）　国民生活センターHP公表資料より作成

図表1−8　認知症の経済被害と機会損失

■調査概要

関東近郊の病院での在宅介護中のアルツハイマー型認知症の本人と家族介護者へのインタビュー調査（対象：106組）

	経済被害	機会損失
定義	本来なら考えられない出費 ・不必要な住宅等改修工事 ・布団・シロアリ駆除等の訪問押売り ・新聞の多重契約 ・貴重品や現金の紛失等	本来得られるはずであった社会参加機会や収入の損失・予期せぬ出費 ・本人や家族の離転職 ・生命保険や不動産等の資産切売り ・転居に伴う出費や機会損失 ・家財道具破損など認知症に伴う出費
経験割合	全世帯の約60%	全世帯の約76%
平均被害総額	約171万円	約497万円
特徴	イベントが繰り返されやすい、本人に被害の自覚がない、家族と本人の関係が悪化	生命保険解約・資産切売りなど単価が大きい、損失額が無期限内に累積
推定被害総額	約4兆8,000億円	約17兆5,000億円

（出所）　安田朝子・木之下徹「CLINICIAN '09 No.583」2009年より作成

図表1−9　特殊詐欺の類型

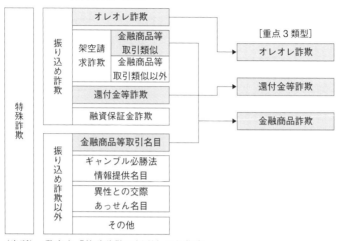

(出所)　警察庁「特殊詐欺の類型」より作成

図表1−10　沈静化しない特殊詐欺

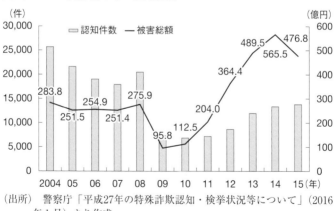

(出所)　警察庁「平成27年の特殊詐欺認知・検挙状況等について」(2016年1月) より作成

事　故

　交通事故は、高齢者本人が被害者にも加害者にもなるという特殊性がある。2015年の交通事故死者数の過半は高齢者である（図表 1 – 11）。2015年 6 月からは、運転免許更新時期に75歳以上のすべてのドライバーに対し、認知機能の講習予備検査の導入がなされている。移動手段をマイカーに頼らざるをえない地方では切実で、高速道路での逆走事故など、大量の死亡事故を引き起こす重要性にかんがみれば、看過できない問題である。運転免許を積極的に返納させるインセンティブや、代替手段の確保のほか、街づくりの観点からの取組みが必要である。

　鉄道事故では、2007年に認知症高齢者が引き起こした人身事故に対する損害賠償請求裁判は、記憶に新しい。この裁判で、最高裁判所は、家族の監督責任を認めない判決を下した（最判

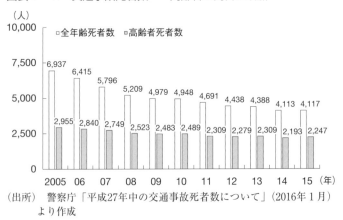

図表 1 – 11　交通事故死者数──高齢者の割合が増加

（出所）　警察庁「平成27年中の交通事故死者数について」（2016年 1 月）より作成

2016年3月1日参照。なお判決では、成年後見人であることだけでは直ちに法定の監督義務者に該当しないと判示している）。今後も、類似の事故が発生する可能性は高い。認知症高齢者への目配り・見守りの重要性を認識するとともに、保険等社会全体で救済する仕組みの検討構築が早急に必要となろう。

徘徊・行方不明

　徘徊・行方不明も、事故と並ぶ切実な問題である。警察庁の調べでは、行方不明者の総数は、毎年約8万人、うち認知症が原因とされる数は約1万人にのぼる。ほとんどは1週間以内に発見されているが、死亡で見つかることもある。家族からの問合せに対して、個人情報保護法と条例によって、情報を開示しない自治体もあるが、北海道釧路市や福岡県大牟田市のように見守りネットワークを充実させている自治体もある（厚生労働省では、2014年から特設サイトを開設している）。

(3) 低下する社会の支援力

　高齢者を身近で支える家族や地域社会は、家族や地域社会のつながりが希薄化し、日常的に助け合う関係がなくなってきている。また人口減少や財政逼迫により、社会保障制度だけでは支えきれない。高齢者を支える社会全体の力が低下している。

希薄化する家族と地域社会

　世帯主が高齢者である世帯の割合は、2015年現在で3分の1を超え、2035年には4割を越えると推計されている（図表1－12）。さらに、高齢者の家族構成をみると、現在では独居の世帯が約3分の1、夫婦のみの世帯を含めると約3分の2にものぼる（図表1－13）。高齢者の孤立・孤独死が問題になるのには、このような背景がある。

　一方で、子世代との同居を望まない高齢者が増加している（図表1－14）。2007年の国民生活白書によれば、生活習慣の違いや人間関係の影響で、子どもや孫といつも一緒に暮らすより、時々会って食事や会話をするのがよいという結果が出ている（図表1－15）。

　現役世代の負担は、税金や社会保険料だけにはとどまらない。介護離職が10万人の時代、子育てと介護が同時期に発生するダブルケアの問題も切実な問題である。雇用形態でも、非正規雇用の増加が進んでいる（図表1－16）。現役世代の負担や雇用確保は、親の老後の問題と切り離して考えることができなくなっている。

　地域社会との関係でも変化がみられる。2015年の厚生労働白書によれば、9年前に比べて、近所付き合いの人数は減少している（図表1－17）。特に生活面で協力し合う人数がゼロ、まったくいないという回答は6割を超えている。

図表1-12 上昇する高齢者世帯の割合

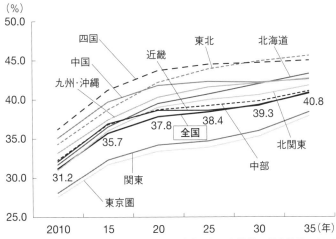

(出所) 国立社会保障・人口問題研究所「日本の世帯数の将来推計 2014年4月推計」より作成

図表1-13 核家族化が進む高齢者世帯

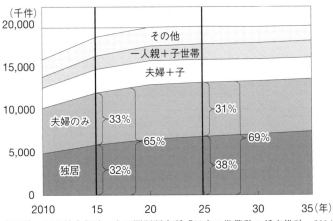

(出所) 国立社会保障・人口問題研究所「日本の世帯数の将来推計 2014年4月推計」より作成

図表1-14 子ども世代と同居を希望しない理由

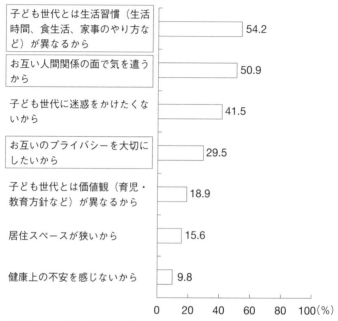

理由	%
子ども世代とは生活習慣（生活時間、食生活、家事のやり方など）が異なるから	54.2
お互い人間関係の面で気を遣うから	50.9
子ども世代に迷惑をかけたくないから	41.5
お互いのプライバシーを大切にしたいから	29.5
子ども世代とは価値観（育児・教育方針など）が異なるから	18.9
居住スペースが狭いから	15.6
健康上の不安を感じないから	9.8

(備考) 1 内閣府「老後の生活に関する意識調査」(2006年)により作成。
2 子ども世代との同居を「希望しない」と回答した人に、「あなたが子ども世代との同居を希望しない理由を次の中からお選びください（○は3つまで）」と尋ねた問に対し、回答した人の割合。
3 「子ども世代が同居を希望しないから」「十分な収入があるから」「その他」「無回答」については記載を省略。
4 回答者は、全国の60歳以上80歳未満の男女275人。

(出所) 「平成19年版国民生活白書」より作成

図表1−15 親世代の子どもや孫との付き合い方に関する意識の変化

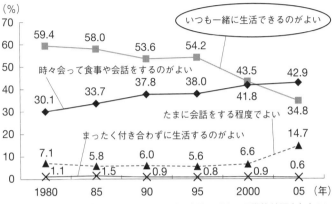

(備考) 1 内閣府「第6回高齢者の生活と意識に関する国際比較調査」(2007年)により作成。
2 「あなたは、老後における家族(子どもや孫)とのつき合いについて、どのようにお考えですか。あなたのお考えに近いものを1つだけあげて下さい」との問に対する回答者の割合。
3 対象は、60歳以上の男女(施設入所者を除く)。
(出所) 「平成19年版国民生活白書」より作成

図表1−16 雇用形態の変化──非正規雇用割合は4割に近づく

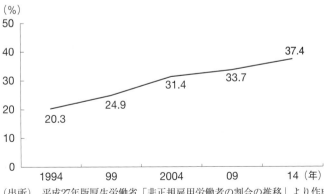

(出所) 平成27年版厚生労働省「非正規雇用労働者の割合の推移」より作成

第1章 超高齢社会の現状から考える日常生活支援の必要性 33

図表1−17　近所付き合いの変化
　　　　──生活面で協力し合う人はほとんどいない

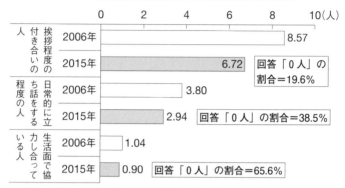

（資料）　内閣府「平成18年度国民生活選好度調査」（2006年）、厚生労働省政策統括官付政策評価官室委託「人口減少社会に関する意識調査」（2015年）
（出所）　「平成27年版厚生労働白書」内、「近所でつながりのある人数の平均」より作成

ふくらみ続ける社会保障給付費

　2015年度の社会保障給付費は、予算ベースで約120兆円に達する。おおよそ年金で半分の60兆円、医療で40兆円、介護で10兆円、残りはその他の福祉という構成である。その6割は保険料でまかなわれ、残りの4割は税金である。社会保障と税の一体改革の必要性について議論が繰り返され、いわゆるマイナンバー制度がスタートしたのには、このような背景がある。

2 超高齢社会の問題解決に向けて

(1) 地域包括ケアシステム

これからの超高齢社会のなかで、高齢者支援モデルとして国と厚生労働省が掲げる政策が、地域包括ケアシステムである。地域包括ケアシステムとは、いわゆる団塊の世代がすべて75歳以上となる2025年（平成37年）をメドに、「高齢者の尊厳の保持と自立生活の支援の目的のもとで、可能な限り住み慣れた地域で、自分らしい暮らしを人生の最期まで続けることができるよう、地域の包括的な支援・サービス提供体制」を構築する施策である（図表1-18）。そのため、住まい・医療・介護・介護

図表1-18　地域包括ケアシステム

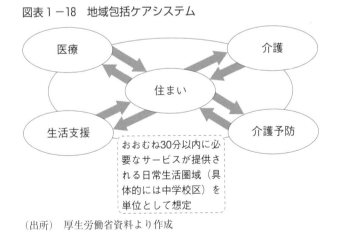

（出所）厚生労働省資料より作成

予防・生活支援の5つの機能を一体で包括的に提供することとされている。

地域包括ケアシステムの沿革

　地域包括ケアシステムは、1970年代に、広島県の公立みつぎ病院で提唱された概念である。当病院では、病気が治癒して退院した患者が、数年後に、以前より病状が悪化した状態で再入院してくるという現実をふまえ、家族による支援の限界や、自宅の療養介護環境改善等の根本的な原因を解決するための仕組みづくりに取り組んできた。それは、保健・医療・介護・福祉の連携であり、施設でのケアと在宅でのケアの連携である。これが今日の地域包括ケアシステムであり、「医療と介護の連携」の言葉で表現される。

　国の施策としては、2003年に、厚生労働省の高齢者介護研究会で取り上げられたのがきっかけである。それまでケアとは、身体的ケアのことを指していたが、認知症ケアも重要であることが認識され、ケアの手法の違いについても明らかにされた。これが発端となって、2006年から一連の認知症施策がスタートし、地域密着型サービス（小規模多機能型居宅介護、認知症グループホームなど）の実現につながっている。2011年からは、認知症ケアのための仕組みである「認知症ケアパス」の施策が進展し、現在に至っている。

地域包括ケアシステムのマイルストーンと本質

　地域包括ケアシステムの達成目標である2025年まで10年を切った。自治体では、すでにさまざまな取組みが行われており、全国のモデル事例も報告されている（厚生労働省HP参照）。厚生労働省では、3年ごとの介護保険の事業計画を通じて検証するPDCAサイクルを立てているが、現状では、メルクマールやKPIは明確になっていない。この点、京都府と京都地域包括ケア推進機構が進めている、京都式オレンジプランの「10のアイメッセージ」（図表1-19）は、非常に参考となる取組みである。「私は」から始まるメッセージ文は、本人目線に立った地域包括ケアシステム達成の判断基準として相応しい内容である。

　住まいについては、サービス付高齢者向け住宅の施策が、進展している。一方、介護予防・生活支援については、2015年度から、介護予防・日常生活支援総合事業がスタートし、予防給付の訪問介護（ホームヘルプ）・通所介護（デイサービス）について、2017年度末までに、自治体の事業に移行することが決定した。新しい総合事業では、要支援状態の高齢者の多様な生活支援ニーズに対して、地域の実情に応じて施策を展開するものとされている（図表1-20）。介護予防や生活支援は、地域社会の責任として、地元住民を巻き込んだ解決が求められている。

　新潟県長岡市の高齢者総合ケアセンターこぶし園の取組みは、地域包括ケアシステムの草分けといえる事例である。介護付住宅をつくるのではなく、介護付きの地域社会をつくるとい

図表1−19　京都式オレンジプラン「10のアイメッセージ」

> ① 私は、周囲のすべての人が、認知症について正しく理解してくれているので、人権や個性に十分な配慮がなされ、できることは見守られ、できないことは支えられて、活動的にすごしている。
> ② 私は、症状が軽いうちに診断を受け、この病気を理解し、適切な支援を受けて、将来について考え決めることができ、心安らかにすごしている。
> ③ 私は、体調を崩した時にはすぐに治療を受けることができ、具合の悪い時を除いて住み慣れた場所で終始切れ目のない医療と介護を受けて、すこやかにすごしている。
> ④ 私は、地域の一員として社会参加し、能力の範囲で社会に貢献し、生きがいをもってすごしている。
> ⑤ 私は、趣味やレクリエーションなどしたいことをかなえられ、人生を楽しんですごしている。
> ⑥ 私は、私を支えてくれている家族の生活と人生にも十分な配慮がされているので、気兼ねせずにすごしている。
> ⑦ 私は、自らの思いを言葉でうまく言い表せない場合があることを理解され、人生の終末に至るまで意思や好みを尊重されてすごしている。
> ⑧ 私は、京都のどの地域に住んでいても、適切な情報が得られ、身近になんでも相談できる人がいて、安心できる居場所をもってすごしている。
> ⑨ 私は、若年性の認知症であっても、私に合ったサービスがあるので、意欲をもって参加し、すごしている。
> ⑩ 私は、私や家族の願いである認知症を治す様々な研究がされているので、期待をもってすごしている。

（出所）　京都地域包括ケア推進機構「京都式オレンジプラン」

う理念に立ち、「道路は廊下、自宅は居室」という街を施設に見立てる発想は、地域包括ケアシステムは、街づくりそのもの

図表1−20　介護予防・日常生活支援総合事業

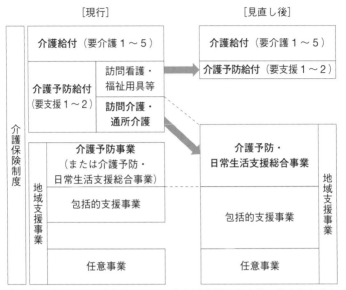

（出所）厚生労働省「介護予防・日常生活支援総合事業の基本的な考え方」より作成

であることを表している。

　地域包括ケアシステムが街づくりであるとすると、それは単に医療と介護の連携にとどまるものではない。また、高齢者にフォーカスするだけでなく、生活者も含めたすべての地域住民がかかわるべき問題である。地域に住まうさまざまな人々の暮らしを支えるべく、地域で活動する民間企業が参加し、かつその担い手としての住民や市民団体の参加があって、はじめて機能するシステムだといえる。

(2) 介護給付における生活援助

　介護保険の訪問介護では、訪問介護員（ホームヘルパー）による生活援助や身体介護のサービスを受けることができる。介護保険での日常生活上の世話とは、「入浴、排泄、食事等の介護、調理、洗濯、掃除等の家事、生活等に関する相談及び助言、その他の居宅要介護者に必要な日常生活上の世話」である（介護保険法第8条第2項）。

　介護保険は要介護・要支援認定を受けた者の「介護」を支援する制度であって、「生活」を支援する制度ではないことから、生活援助は、保険給付の対象として適切な範囲を逸脱しないものに限定されている（図表1－21）。そのため、同居の配偶者や家族の食事は支援の対象外、通院の付き添いは往復の付き添いに限る（長い待時間は含まれない）等、利用者や家族は困惑するケースが多い。介護保険は、中立かつ公平を求められる公的な制度であり、事業者や担当ホームヘルパーによってサービスが異なることは避けなければならず、サービスの範囲や質に対する考え方は保守的になる。

　このため、利用者のニーズに応えるべく、自治体ごとにさまざまなサービスがメニュー化され、家政婦や配食サービス等の民間事業者のサービスが提供されている。また見守り等では、ボランティアやNPO法人等の活動も期待されている。地域包括ケアシステムの円滑な遂行には、介護保険や福祉サービスと、介護保険外の民間のサービスをうまく組み合わせることが

図表1-21 一般的に介護保険の家事援助の範囲に含まれないとされる事例

---

1 「直接本人の援助」に該当しない行為
　主として家族の利便に供する行為または家族が行うことが適当であると判断される行為
　・利用者以外のものに係る洗濯、調理、買い物、布団干し
　・主として利用者が使用する居室等以外の掃除
　・来客の応接（お茶、食事の手配等）
　・自家用車の洗車・清掃　等
2 「日常生活の援助」に該当しない行為
① 訪問介護員が行わなくても日常生活を営むのに支障がないと判断される行為
　・草むしり
　・花木の水やり
　・犬の散歩等ペットの世話　等
② 日常的に行われる家事の範囲を超える行為
　・家具・電気器具等の移動、修繕、模様替え
　・大掃除、窓のガラス磨き、床のワックスがけ
　・室内外家屋の修理、ペンキ塗り
　・植木の剪定等の園芸
　・正月、節句等のために特別な手間をかけて行う調理　等

（出所）　厚生労働省老振第76号「指定訪問介護事業所の事業運営の取扱等について」

不可欠となっている。

(3) 日常生活支援の必要性

在宅での生活

　1点目は、特に在宅での生活の観点である。

　施設に入居すれば、スタッフの見守りのもと、暮らしに必要

な機能は入手しやすい環境にあるが、在宅では高齢者本人が生活の主体である。治療や介護以外に必要な暮らしの機能は、自分で確保しなければならないため、日常生活を支援してもらう機能が必要となる。つまり、cure（医療）とcare（介護）の隙間を埋めるものが日常生活支援であると考えられる。介護予防・日常生活支援総合事業も、このような観点からの取組みが期待されている。

健康寿命の延伸

　2点目は、健康寿命の延伸の観点である。

　日本老年医学会は、高齢者が筋力や活動が低下している状態を「虚弱（フレイル：Frailty）」と呼び、介護予防のカギとして、その重要性を提唱している（図表1-22）。フレイルの状態とは、要支援・要介護になる危険が高い状態だが、適切な予防を行うことで、健康な状態に戻る可能性があると考えられている。できる限り元気で暮らすためには、適切な栄養、適度な運動、口腔機能（噛む力）、穏やかな精神・心理状態等が柱となるが、なかでも「社会参加」の重要性が指摘されている。社会的な動物である人間は、他人とのつながりや生活のハリ等が、運動量、精神・心理状態、口腔状態、栄養機能、身体機能に大きな影響を与える。外出や散歩等は、健康の維持増進や認知症予防に効果があることがよく知られているが、外出のきっかけとなるのは、他人や社会との「つながり」である。その「つながり」をつくりだすことも、日常生活支援の大きな役目とな

図表1-22　介護予防の重点対象となる虚弱（フレイル）

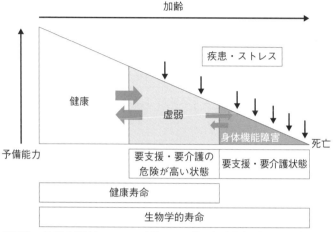

(出所)　長寿医療研究センター病院レター第49号「虚弱（フレイル）の評価を診療の中に」より作成

る。支援の対象として高齢者をとらえるだけではなく、高齢者が参加できる場を設け、高齢者に役割を与え、時には支援者として参加してもらう。高齢者の社会参加を促すような日常生活支援が求められている。

社会保障制度のひずみ

3点目は、持続可能な社会保障制度の観点である。

現在の社会保障制度は、戦後の右肩上がりの高度経済成長下、標準世帯と呼ばれる家族のあり方を前提としてつくられたシステムである。その前提が崩れた現在、国や自治体が、すべてにわたって国民の面倒をみることは期待できない。特に介護

に係る負担は、国民全員が真剣に考える時がきている。「介護の沙汰は金次第、老後の沙汰は金次第」とはいうが、在宅・施設入所を問わず、家族の有無や保有資産の状況に応じて、さまざまな「選択」をしたうえで、本人も家族も「納得のいく暮らし」を目指すべきである。特に、独居高齢者や夫婦のみ世帯の高齢者の暮らしを支えるサービスを充実させることが喫緊の課題である。

　現代は、自宅での看取りが減って、死というものが遠い存在になっている。高齢者は、自分の老後を国や自治体に丸投げすることなく、自分の老後設計について主体性と責任をもつべきと考えられる。支援・被支援の構図ではなく、相互支援の観点をもって社会にかかわること、すなわち、自助・共助・互助を重視した街づくりが、持続可能な社会の実現に必要である。

　日本は、世界でも比類なきスピードで超高齢社会となった高齢者問題の先進国である。国民の英知を結集して、課題解決にあたれば、同じ問題を抱える諸外国に対して、素晴らしい処方箋を提供することになろう。

第 2 章

成年後見制度の現状から考える日常生活支援の重要性

1 岐路に立つ成年後見制度

(1) 制度の概要

制度の意義

　成年後見制度とは、精神上の障害により判断能力が十分ではない人が不利益を被らないように、法律面から本人を支援・保護する制度である。本人または家庭裁判所が選ぶ後見人が、本人にかわって身上監護（日常の生活支援など）や財産管理（金銭の管理など）の事務を行う。成年後見制度は、福祉の理念を取り入れた3つの理念に基づく制度であると説明される。

・自己決定権の尊重……本人が自分で判断して決めることを尊重するという考え方
・残存能力の活用……本人が現在有する能力を最大限使って生活するという考え方
・ノーマライゼーション……障害者と健常者を区別せずに同じように社会生活を送るという考え方

　財産保護に偏重し、行為能力を制限するという考え方の強い禁治産制度・準禁治産制度（禁治産制度等）からみれば、自己決定権の尊重の理念は非常に注目される。ただし、実務では、自己決定権の尊重と本人保護の調和やバランスが重要であると説明されることが多く、自己決定権の尊重という理念が徹底されているわけではない。

なお、民法では、成年後見制度の利用者を、成年被後見人、被保佐人、被補助人と呼称するが、本書では、原則「本人」と総称する。後見の担い手についても、同様に「後見人」と総称する。

制度の沿革

成年後見制度は、2000年、介護保険制度と同時にスタートした。福祉サービスの提供が、行政処分から受益者とサービス提供事業者との契約に移行することになったことから（「措置から契約へ」）、判断能力が低下している高齢者等の法律行為（契約）を支援する制度が必要となった。従来、判断能力が不十分な人を保護する仕組みとしては、民法の禁治産制度等があったが、さまざまな理由により、ほとんど利用されていない状況にあった。そこで、ドイツの世話人制度やイギリスの持続的代理権授与制度など、諸外国の立法例を参考に、禁治産制度等を抜本的に見直し、創設されたのが成年後見制度である。

制度の特徴

成年後見制度の主な特徴として、以下の5点をあげる。

① 補助類型の創設

法定後見の区分では、従来の「後見」「保佐」の2区分に、「補助」を追加して3区分とし、軽度の障害により判断能力が不十分な人の成年後見制度の利用が可能となった。

② 任意後見制度の創設

「任意後見契約に関する法律」の立法化により、本人が後見人を選ぶことができる任意後見制度が新設された。

③ 成年後見登記制度の創設

「後見登記等に関する法律」の立法化により、従来、禁治産宣告・準禁治産宣告の戸籍への記載にかわる公示方法として、成年後見に関する登記制度が創設された。

④ 後見人の制限の撤廃

従来、後見人は配偶者に限定されていた制限を撤廃し、家庭裁判所が事案に応じた適切な後見人を選択する方法に改められた。配偶者以外の家族や親族、専門職、さらには複数人での後見や法人での後見が可能になった。

⑤ 申立人に市町村長を追加

老人福祉法、知的障害者福祉法、精神保健福祉法をそれぞれ改正し、65歳以上の者、知的障害者、精神障害者について、「その福祉を図るために特に必要があると認めるとき」は、市町村長は、後見開始等の審判等の請求ができることとされた。

(2) 制度の利用状況

成年後見制度の問題を検討する前に、成年後見制度が、現在どのような利用状況にあるのか、最高裁判所が公表している統計情報（最高裁判所HP参照）から、成年後見制度の現在の利用状況についてみておきたい。

申立件数の推移

 直近5年間の申立件数の推移である（図表2−1）。毎年3万件を超える状況で推移しているが、ここ4年間は伸び悩みの状態である。家族等の申立人が、自らにとって都合がいい後見人が選任されなかった場合には、申立てを取り下げるといった事情があったことから、2013年からは、申立て後の取下げには家庭裁判所の許可が必要になった等の事情があるとされている。利用が後見類型に偏っていることも大きな特徴である。

利用者数の推移

 直近5年間の利用者数の推移である（図表2−2）。2015年12月末時点での利用者数は、約19万人である。成年後見制度の対

図表2−1　申立件数の推移

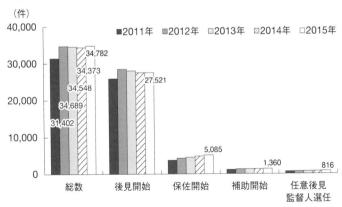

（出所）　最高裁判所「成年後見関係事件の概況（平成27年1月〜12月）」より作成

図表2-2 利用者数の推移

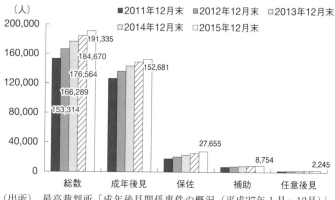

(出所) 最高裁判所「成年後見関係事件の概況（平成27年1月〜12月）」より作成

象は、最大おおよそ1,250万人（認知症高齢者とその予備軍約900万人、知的障害者約50万人、精神障害者約300万人）いると考えると、19万人という数はかなり少ない。欧州諸国では、人口の1％程度は利用するともいわれており、日本でも100万人を超える利用者がいても不思議ではないとの指摘がある。

申立ての動機

2015年の申立ての動機である（図表2-3）。介護保険と成年後見が車の両輪という考えからすると、「介護保険契約」と「身上監護」の2つが上位にきてもおかしくないが、制度開始以来、「預貯金の管理・解約」が常にトップである。成年後見制度の利用は、金融機関がトリガーを引いているといってよいだろう。金融機関が本人確認をきちんと行っていることの証左

図表2−3　申立ての動機

預貯金等の管理・解約の割合＝42.3％（回答は複数回答）

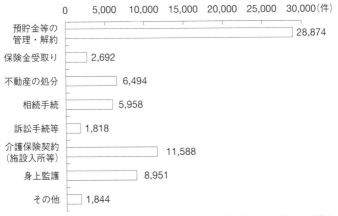

（出所）　最高裁判所「成年後見関係事件の概況（平成27年1月～12月）」より作成

ではあるが、今後の成年後見制度の発展は、金融機関の普及啓発の努力いかんにかかっているともいえる。多数の潜在的な未利用者がいることにかんがみれば、金融機関への期待は大きい。

次に「介護保険契約（施設入所等）」が続く。介護の現場でも成年後見制度の必要性が徐々に認識され始めている。昨今では、本人の入所意思の確認や、自治体の監査への対応の観点から、入所時点で後見人の用意を促す介護事業者も出てきている。

最近では、「身上監護」こそ、後見実務の最も大きな役割であるという考え方が、後見活動を行ってきた実務家等から強く

発信されるようになってきている。資産の多寡に関係なく、日常生活に不安を感じ始めた高齢者が、安心して老後を暮らすための手段として成年後見制度を理解してもらうことが大切である。

申立人の状況

2015年の申立人の状況である（図表2－4）。最も多い子どもを含め、ほとんどが親族からの申立てであるが、高齢者の保護に積極的な自治体も増えてきており、市町村長からの申立てが増加している。市町村長申立ては、社会全体で判断能力が不十

図表2－4　申立人の状況

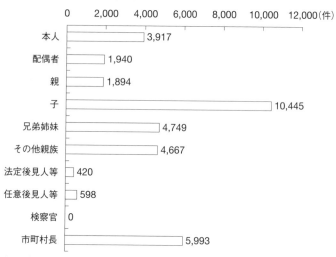

（出所）　最高裁判所「成年後見関係事件の概況（平成27年1月～12月）」より作成

分な人を支える、いわゆる「成年後見の社会化」が具現化された取組みであるとされる（本章2⑴進化する成年後見制度）。

本人と後見人の関係および後見人の推移の状況

2015年の本人と後見人の関係である（図表2-5）。トップは司法書士で、弁護士、子どもと続く。制度開始以来、常に子ど

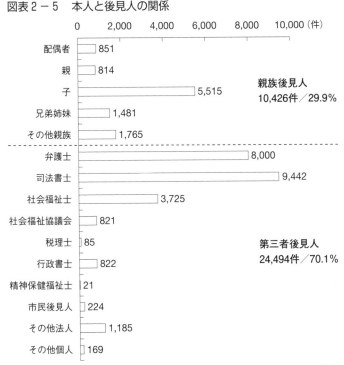

図表2-5　本人と後見人の関係

区分	件数
配偶者	851
親	814
子	5,515
兄弟姉妹	1,481
その他親族	1,765

親族後見人　10,426件／29.9%

区分	件数
弁護士	8,000
司法書士	9,442
社会福祉士	3,725
社会福祉協議会	821
税理士	85
行政書士	822
精神保健福祉士	21
市民後見人	224
その他法人	1,185
その他個人	169

第三者後見人　24,494件／70.1%

（出所）　最高裁判所「成年後見関係事件の概況（平成27年1月～12月）」より作成

もがトップであったが、2014年に、初めてトップを譲ることとなった。さらに、子どもや家族などの親族と、それ以外の第三者との割合を比べてみると、親族後見人の割合はほぼ30％にとどまっている。後見人の10人に7人が、赤の他人である第三者である。

制度創設当初、約90％を占めていた親族後見人の割合は、徐々に減少し、2012年には50％を割り込み、低下傾向には歯止めがかかっていない（図表2－6）。適当な親族後見人がいない・見当たらないといった理由のほかに、親族後見人の不祥事が相次いでいることから、家庭裁判所が司法書士や弁護士などの専門職後見人の指名をふやしているためであるとされる。

「市民後見人」というカテゴリーの後見人もふえている。最

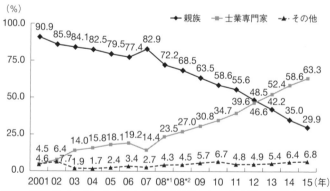

図表2－6　減り続ける親族後見人

(注)　2008年（＊1）までは3月末、2008年（＊2）以降は12月末。
(出所)　最高裁判所「成年後見関係事件の概況」（平成13年3月～平成27年12月）より作成

高裁判所の定義によれば、「市民後見人」とは、親族や士業専門家ではなく、本人とは面識もない市民が、自治体等が行う市民後見人養成講座を受講した後、自治体の推薦に基づいて後見人に就任する自然人を指す。昨今では、社会貢献の理念を掲げてNPO法人や社団法人を立ち上げた市民が、法人で後見活動を行っている。そのような観点に立てば、「その他法人」や「その他個人」も、広義には市民後見人と考えてよいだろう。明確に統計情報がある2011年以降、広義の市民後見人の数は増加基調にある（図表2−7）。

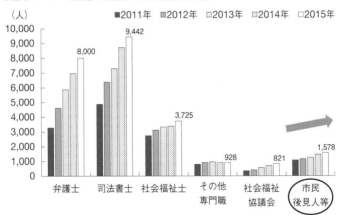

図表2−7　堅調に増加する市民後見人等

（出所）　最高裁判所「成年後見関係事件の概況（平成27年1月〜12月）」より作成

(3) 理想と現状のギャップ

利用者の伸び悩み

　成年後見制度の対象は、最大おおよそ1,250万人、介護保険の利用者に限っても600万人と考えると、成年後見制度の現状の利用者数19万人という数はかなり少ない。利用の内訳に目を転じてみると、後見類型に偏重し、補助類型と任意後見の利用者数が少ないことが指摘されている。

　補助類型は、成年後見制度発足時に創設された仕組みで、判断能力の低下が軽度の段階での後見ニーズを取り込むねらいがあったが、利用者数は伸びていない。成年後見制度を利用せざるをえない、追い込まれてからの利用が多いという背景はあろうが、後見類型は後見人の事務負担が少ないことや、将来的な判断能力の低下や欠如を想定し、申立人の家族等が、最初から後見類型を希望するといった事情もあると見聞される。

　高齢者の財産被害と判断能力の相関は明らかでないため、一概にはいえないが、判断能力が不十分と思われる程度の高齢者は、基本的には、独力で生活できる能力があることから、孤立しやすいうえに、定期的な見守りや安否確認がないと、財産被害に遭う可能性も高いと考えられる。成年後見人制度を利用するには、少なくとも判断能力が不十分と認定される必要があるが、その見極めを行う仕組みは制度化されているわけではない。つまり、最も後見ニーズが高く、周囲が手を差し伸べなければならないと思われる高齢者層が、後見を利用していないと

いう結果になっている。

　また、任意後見も、成年後見制度での目玉となる制度であったが、利用は進んでいない。もっとも、任意後見契約の登記件数が、累積で約9万7,000件（法務省民事局「種類別成年後見登記の件数」（平成27年まで））に達するなかで、これまで任意後見監督人が選任された件数は、約7,000件にとどまっているという事実は、重大な問題を抱えている。任意後見契約締結時の本人の年齢が、60代の元気な中高年が大宗を占めているとは考えにくく、70代や80代の高齢者が多数であると考えると、任意後見の利用者数はもう少し多くても不思議ではない。任意後見が開始していなければならないにもかかわらず、任意後見の受任者が、任意後見監督人の選任の申立てをせず、受任者の立場のまま代理行為を継続しているのではないかという問題が指摘されている。

不適切な利用

　ここ数年、成年後見制度の根幹を揺るがす大きな問題が発生している。後見人の不祥事である。

　後見人の不祥事案件について、裁判所は公式発表を行っていない。マスコミなどの報道によれば、最高裁判所が統計を取り始めた2010年6月以降、2015年末までの5年半で、被害総額は、約200億円にのぼるとされている。報道では、その多くが親族後見人によるとされているが、近時では、弁護士や司法書士など士業専門家による不祥事も発生しているとのことである

（2015年は、37件確認されたとのことである）。

(4) 問題点と課題

　前項で、成年後見制度には、利用の低迷と不適切な利用の2つの大きな問題があると述べたが、すでに多くの学者や実務家から、さまざまな問題や課題が指摘されている。この点、2010年横浜で開催された成年後見法世界会議で、「成年後見制度に関する横浜宣言」が採択された。このなかで、世界の課題とともに日本の課題についても、さまざまな指摘がなされている（図表2－8）。

　前項で指摘した2つの問題は、本人にとっての問題であったが、後見人からみた場合には、円滑な後見事務ができないという問題もある。したがって、成年後見制度の問題は、大きく3つに整理することができる（図表2－9）。

　利用の低迷の大きな問題点は、序章で述べた利用者本人や家族の気持ち・意識であり、周囲の理解である。広く国民への普及や、情報提供等が欠かせないが、利用する本人や周囲の意識を変える仕掛けや工夫が必要である。「現代版隠居」の意義はここに求められる。

　次に不適切な利用の大きな問題点は、後見人が単独で後見活動をしている点に求められる。そこで法人後見・後見活動支援法人・後見口座といった複数の当事者が関与する仕組みの構築が必要と考えられる。

　また、円滑な後見事務の阻害の大きな問題点は、想定してい

図表2-8 「成年後見制度に関する横浜宣言」における「日本の課題」

> Ⅰ 現行成年後見法の改正とその運用の改善
> (1) 市区町村長申立ての積極的な実施と体制整備
> (2) 利用負担困難者に対する公的な費用補助
> (3) 精神鑑定の原則実施と本人面接の義務化
> (4) 成年後見人の代理権の拡張による医療同意の実現
> (5) 欠格事由の撤廃
> (6) 任意後見制度の利用促進と濫用防止の立法的措置
>
> Ⅱ 公的支援システム
> 資産の多寡や申立人の有無を問わず、「だれでも利用できる制度」の実現のために、行政による成年後見制度全体に対する公的な支援システムの創設
>
> Ⅲ 新たな成年後見制度の可能性
> (1) 法定後見における3類型のあり方・妥当性の検討(過度な能力制限の必要性)
> (2) 裁判所が信託設定に関与する成年後見代替型の信託制度の導入
> (3) 高次脳機能障害者の成年後見制度の利用促進

(出所)「成年後見制度に関する横浜宣言」より

なかった制度上の目詰まりに求められる。法改正や制度改正による改善が必要であろう。

図表2－9　成年後見制度の問題と原因の整理

問題		問題の主体	原因	
			問題点	制約条件
利用前	利用の低迷	本人・家族	・ニーズや必要性の不認識 ・制度の知悉・理解・わかりやすさ ・費用・手続・時間 ・資格剥奪や地位失効 ・申立人不在・後見人不在	【家族】 ・家族がいない ・家族はいるが、身近にいない・頼れない・信頼できない・仲が悪い・関係が希薄　等 【本人意思】 ・本人の意思が明確でない ・きちんと自己決定しない 【財産】 ・本人に財産がある・ない 【制度】 ・法律上の制度である
	不適切な利用		・後見人の悪意・不祥事が起きる環境 ・後見人の教育や学習 ・後見人とのコミュニケーション	
利用後	円滑な後見事務の阻害	後見人	・身上監護の事実行為が職務外 ・医療同意・身元保証 ・死亡後の事務権限の不明確さ ・郵便物の転送・開封 ・後見事務の負担大・契約手続の負担増 ・低額な後見報酬・報酬受取り期間 ・本人とのコミュニケーション	

2 成年後見制度の問題解決に向けて

(1) 進化する成年後見制度

進化のキーワード

　権利擁護の観点やさまざまな運営面での問題から、現行の制度に対しては、多くの指摘や批判が加えられているが、発生する時々の問題に応じて、安全性と利便性の観点から、調整し、改正し、発展させていくという視点が必要である。たとえば、後見人の職務としては、身上監護こそが重要であるという主張は、ここまで幾多の後見人が実績を積んできた結果にほかならない。一部の不適切な利用による運営の厳格化等は、地道に後見活動を行っている多数の後見人への過重な負担を強いるばかりか、制度そのものへの忌避につながることに危惧を覚える。

　今後の成年後見制度が目指す方向性のキーワードは、「成年後見の社会化」と「支援付意思決定（意思決定支援）」である。

成年後見の社会化

　「成年後見の社会化」とは、成年後見制度の運用を家族のみに委ねるのではなく、司法、行政、民間が一体となって社会全体で支えるという意味である。「家族・親族で支える成年後見」から「社会全体で支える成年後見」への転換と言い換えれば、意義はより明確となろう。

「成年後見の社会化」を具現化する取組みには、市町村長による後見等開始の審判の申立てがある。市町村長申立てとは、福祉の観点から、本人の家族や親族等に適当な申立人がいない場合、市町村長が、後見等開始の審判の申立てを行う仕組みである（老人福祉法第32条、知的障害者福祉法第27条の3、精神保健福祉法第51条の11の2）。市町村長による申立ては、順調に増加しているが（図表2－10）、よりいっそうの円滑な申立てのためには、特に、医療関係者、介護職や福祉職などの関係者が、成年後見制度に対する理解を深めておくことが肝要である。また、市民・市民団体が、後見の担い手として活動に取り組んで

図表2－10　市町村長申立ての状況

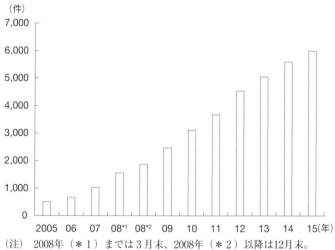

（注）　2008年（＊1）までは3月末、2008年（＊2）以降は12月末。
（出所）　最高裁判所「成年後見関係事件の概況」（平成17年3月～平成27年12月）より作成

いることも、「成年後見の社会化」の具現化の1つと考えてよいだろう。

　上記の取組みに加えて、後見の利用者と担い手の双方を社会全体で支えていると実感できることが大切ではないだろうか。たとえば、市民・市民団体が、見守り等の日常生活支援や後見活動を続けていくためには、財源の確保は大きなハードルである。後見報酬は、1年間の後見活動を行った後に、家庭裁判所に申請してはじめて付与されるため、事業として成り立たせることがむずかしい。そこで、地元住民や生活者が企業等とともに、地元の高齢者等の支援を行う市民・市民団体の基金をつくり、日常生活支援や後見を行う団体の活動資金とする仕組みは

図表2-11　成年後見の社会化──高齢者支援団体を社会全体で支える

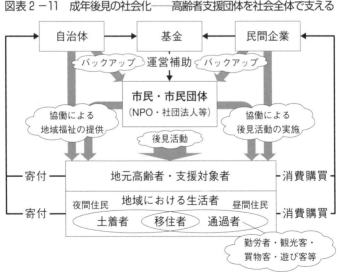

考えられないだろうか(図表2−11)(第6章3金融機関)。

このような仕組みを構築することで、地元住民や生活者は、市民・市民団体を通じて間接的に成年後見制度の利用者を支援していることを実感できる。自分たちが、将来日常生活に不安を感じたときには、市民・市民団体に支援してもらうことが期待できる。市民・市民団体も、地元住民や生活者のおかげで、安心して高齢者等の支援ができる。社会全体で支える仕組みを可視化することによって、社会全体で本人を支えるという「成年後見の社会化」が実現すると考えられる。

支援付意思決定（意思決定支援）

日本は、2014年1月、国連が2006年に採択した「障害者の権利に関する条約」に批准した。障害者権利条約は、障害者の人権等を確保し、障害者の尊厳を尊重し、権利の実現のための措置等について定めている。成年後見制度の対象となる者は、同条約における障害者に該当することから、同条約で定める内容と、日本の現行の成年後見制度は整合的かどうかが問題となる。

この点、特に問題とされているのが、障害者権利条約の底流にある考え方「支援付意思決定」の規定である（図表2−12）。日本の成年後見制度は、基本的に行為能力を制限する考え方に立ち、成年後見人や保佐人に対して法定で代理権が付与されていることから、後見人による意思決定の代理の考え方は、「支援付意思決定」の考え方にそぐわないとして、学者や実務家等

図表2-12 障害者の権利に関する条約

> 第12条　法律の前に等しく認められる権利
> 　第1項　省略
> 　第2項　締約国は、障害者が生活のあらゆる側面において多の者との平等を基礎として法的能力を享有することを認める。
> 　第3項　締約国は、障害者がその法的能力の行使に当たって必要とする支援を利用する機会を提供するための適当な措置を取る。
>
> 　　　　　　　　　　　　　日本政府公定訳（2014年1月20日）

からは、補助類型をベースにした新たな制度のあり方等が主張・提言されている。

　意思決定支援の考え方は、自己決定権の尊重という理念にかんがみると、共感できる方向性である。ただし、意思決定支援は、あくまでも本人が自己決定し、明確な意思表示を行っているという前提があってのことである。本人が、事前に自己決定をしておらず、もはや自己決定ができない状態にある場合には、最善の利益をふまえた意思決定の代行機能を用意しておくことは重要な課題である。本人の意思の尊重と本人保護との均衡点を見つけることが、後見人の最大の職務と考えられる。

　自分の老後を「どうすればいいか」悩んでいる人には選択肢を提供し、「どちらにすればいいか」迷っている人には情報を提供して自己決定を促す。丸投げしない介護と同様、丸投げしない成年後見が大切であるが、そのことをどうやって確保し担保するかが大きな課題であると考える。

(2) 一人称の成年後見

　介護業界では、「一人称のケア」という言葉が用いられており、本人の視点に立った介護が大きな目的になっている。成年後見制度でも、本人のための制度であることを明確にし、「一人称の成年後見」を目指すことが望まれる。

福祉と成年後見の関係

　成年後見制度の3つの理念は、福祉の理念と共通するものであり、福祉の現場では、成年後見の利用の要否は常にクローズアップされる。多くの自治体は、成年後見制度の所管は、福祉分野の所管部署であり、福祉と成年後見制度の関係は密接なも

図表2-13　福祉と後見の違い

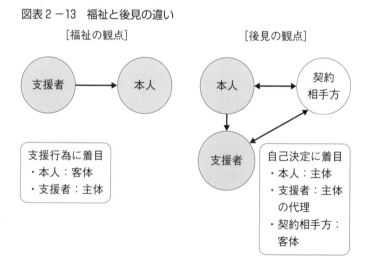

図表2−14　権利擁護・成年後見制度の位置づけ

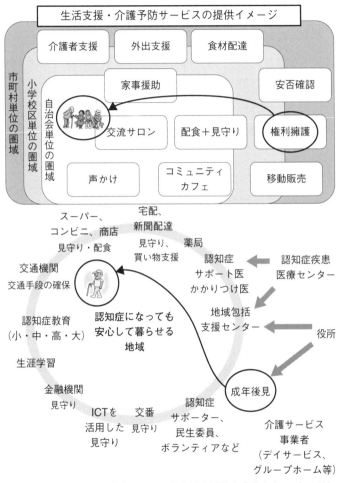

(出所)　厚生労働省「介護予防・日常生活支援総合事業」(2015年5月) より作成
(出所)　厚生労働省「認知症施策の推進について」介護保険部会資料 (2015年9月) より作成

のがある。市区町村長申立てや成年後見利用事業における後見報酬の補助などは、福祉的な施策の1つである。

福祉の観点では、支援行為に着目することから、支援者が主体で本人は客体という関係に立つ。逆に、後見の観点では、本人の自己決定に着目することから、支援者は主体である本人の代理人・同体であって、主体と客体という関係ではない（図表2－13）。福祉職や介護職は、自ら後見人になることはできないが、福祉サービスの提供者という立場と、後見人の立場は、利益相反の関係にあると考えられるためである。このことが、後見人の性質を的確に示している。厚生労働省の資料では、権利擁護の機能や成年後見人は、他のサービス提供者等と同じネットワーク上に存在しているが、後見人は、むしろ本人の周囲に位置する存在ではないかと思われる（図表2－14）。

最善の利益

成年後見制度が、本人のための制度であることを深く考えさせられるのが、「最善の利益（ベストインタレスト）」の考え方である。最善の利益とは、2005年に制定されたイギリスの意思能力法の5大原則に明記され、本人のための制度の根幹となる考え方である（図表2－15）。後見人は、本人の最善の利益のために、代理行為を行い、意思決定をするべきとされる。

最善の利益とは何か、明確に定義されているわけではなく、7つのチェックリストに基づいて判断するとされている（図表2－16）。いずれの判断基準も、後見人にとって拠り所となる

図表2-15　イギリス2005年意思能力法5大原則

> 第一原則：意思決定能力存在の推定
>   能力を欠くと確定されない限り、人は能力を有すると推定されなければならない。
> 第二原則：エンパワーメント
>   本人の意思決定を助けるあらゆる実行可能な方法が功を奏さなかったのでなければ、人は意思決定ができないとみなされてはならない。
> 第三原則：
>   人は単に賢明でない判断をするという理由のみによって意思決定ができないとみなされてはならない。
> 第四原則：ベストインタレスト
>   能力を欠く人のために、あるいはその人にかわって、本法のもとでなされる行為または意思決定は、本人の最善の利益のために行われなければならない。
> 第五原則：必要最小限の介入
>   当該行為または当該意思決定が行われる前に、その目的が、本人の権利および行動の自由に対して、よりいっそう制約の小さい方法で達せられないかを考慮すべきである。

(出所)　「イギリス2005年意思能力法・行動指針」より

考え方である。特に、⑥「本人の過去および現在の要望、感情、信仰、価値観は考慮されるべき」との判断基準は、「現代版隠居」の考え方にも通じるものである。

任意後見の優位性

　任意後見制度は、イギリスの持続的代理権授与制度を参考に、成年後見制度の開始時に創設された制度である。法定後見と任意後見が競合する場合には、任意後見が優先され、両制度

図表2－16 「ベストインタレスト」を見つけるためのチェックリスト

> ① 最善の利益は、本人の年齢、容貌、ようすあるいは行動のみに基づいて判断してはならない。
> ② 本人の最善の利益を見つけるには、あらゆる関連する状況を考察すべきである。
> ③ 本人を奨励し、最善の利益の判断にできる限り参加させようと努めるべきである。
> ④ 本人が能力を回復する可能性があるなら、緊急でない限り意思決定を延期することも選択肢である。
> ⑤ 生命維持装置に関する意思決定には特別な配慮を要する。
> ⑥ 本人の過去および現在の要望、感情、信仰、価値観は考慮されるべきである。
> ⑦ 本人と親しい人々の見解も、任意代理人や法定代理人の見解と同様に考慮されるべきである。

(出所)「イギリス2005年意思能力法・行動指針」より

が並立することはない(任意後見優位の原則)(図表2－17)。任意後見は、判断能力があるうちに任意後見契約を締結し、任せる人と任せる内容をあらかじめ決めておく制度である。自己決定権の尊重という観点では、法定後見よりも優れている。自分に判断能力があるからこそ得られるメリットをふまえ、ファーストチョイスとして任意後見が検討され、しかる後に法定後見が選択されるという、利用の順序・時間軸の観点から、任意後見の優位性を説明すれば、よりわかりやすいだろう。

現行の成年後見制度のなかで、自己決定権の尊重という理念に最も近い仕組みは、任意後見である。任意後見には、現行の後見類型・保佐類型にある欠格事由は存在しない。また、任意

図表2−17 任意後見優位の原則

> [任意後見法第10条]
> 　任意後見契約が登記されている場合は、本人の利益のために特に必要があると認めるときを除き、家庭裁判所は、法定後見の審判を行うことはできない。
>
> [任意後見法第4条]
> 　法定後見の開始後に任意後見監督人の選任の申立てをした場合、法定後見の継続が本人の利益のために特に必要があると認めるときを除き、家庭裁判所は、任意後見監督人の選任を行わなければならない。

後見受任者は、法定後見の申立人となれる（市町村長申立てに頼る必要はない）。仮に法定後見を利用する場合でも、あらかじめ定めた任意後見受任者が法定後見人に選任されれば、あらかじめ後見人を決めておくのと実質的には変わらない。任意後見と法定後見のハイブリッドな成年後見の仕組みとなる。

身上監護と財産管理

　一般的に、後見人の職務は、大きく身上監護と財産管理の2つであるとされており、通説的見解では、財産管理が成年後見制度の目的であるとされている（民法第859条）。成年後見制度には福祉的な理念が取り込まれているものの、民法上は、広く判断能力が低下・欠如した者に対する意思決定支援の枠組みにはなっていない。成年後見制度は富裕層の財産管理のための制度であるといった声を見聞するときがあるが、よりよい身上監護を行うために、適切な財産管理があるという考え方に立脚す

べきではないかと思われる。

　長い人生における日々の暮らしは、数え切れないほどの選択と自己決定の積重ねである。成年後見制度における後見人の職務は、日常生活の自己決定の一部を実現する手段にすぎない。「手配」の機能である身上監護と「支払」の機能である財産管理の2つの機能によって、本人の権利擁護を図る制度が成年後見制度である。

(3)　成年後見制度の三種の神器

　成年後見制度が現状抱える問題をふまえ、成年後見制度が進化するために必要と考える3つのポイントについて説明したい。

第一のポイント──適切な後見活動の確保

　適切な後見活動の解は、法人後見にあると考える。法人後見には、相互牽制、後見活動の円滑化・品質の確保、家族や親族の巻込み、長期間にわたる後見可能性等のメリットがある（図表2－18）。後見人の不祥事対策という消極的な意味ばかりでなく、積極的な意義を見出すこともできるのが法人後見の特徴である。

① 相互牽制

　後見の担い手は、制度開始当初は、圧倒的に親族であった。しかし、親族後見人の不祥事の多発等により、現在は、専門職に移っている。ところが、専門職後見人であっても、不祥事を

図表2-18 後見の担い手の比較

		法人後見		個人後見	
		第三者 NPO・ 社団法人等	親族 家族会・ 育成会等	第三者 司法書士・ 弁護士・社 会福祉士等	親族 配偶者・ 子・親・ 親族
後見事務	本人理解		○	△	○
	見守り・身上監護	○	○	△	○
	多様なニーズの対応	○		△	
	専門ニーズの対応			○	△
その他	相互牽制機能	○	○	△	△
	後見報酬	低額	低額	高額	不要または低額
	家裁・社会からの信用	△		○	
	長期継続性	○	○	△	△
	その他	財政基盤が弱い	親亡き後の問題	供給体制	介護支援等による疲れ

完全に防止できないことは、不祥事件等から明白となった。いかなる後見人であろうと、単独で後見活動を行っている限り、不適切な事務や不祥事を防止することはできない。そこで、相互牽制機能を具備・担保する手段として、今後は法人による後見が期待される。法人の場合、組織体制や運営方法により、相互牽制を働かせることが十分可能である。このように、親族や専門職から、法人後見へと、担い手のあり方が変化していくのは自然の流れである（図表2-19）。

② 後見活動の円滑化と品質の確保

後見の本質的な機能は、手配・手配りであるが、ほかにも、

図表2-19 成年後見制度の主な担い手の変化

目配り・気配り・心配り・耳配り・声配りなどのコミュニケーション能力が必要である。専門職というだけで、立派な後見人が務まるわけではない。後見人が専門職等の場合、本人や家族からは、不満を口に出すことがむずかしいケースもあると見聞される。制度の仕組み上、後見人は簡単に変更できない。法人後見であれば、ウマがあわないといった人間関係の問題であれば、担当者を交代することで対応できる。また解決能力の問題であれば、その分野に得意な担当者が就くことで対応できる。1人ですべての事務を処理しなければならない自然人と違って、さまざまな能力や経験をもった多数の人間が関与することができるのが、法人後見の特徴である。

③　家族や親族の巻込み

法人後見は、赤の他人だけが後見事務を行うことを意味するものではない。家族や親族が、後見人となるNPO法人や社団法人に会員として参加することで、他の担当者と一緒に後見活動にあたることが可能である。たとえば、見守りを中心とする

身上監護については、全面的に家族が対応し、財産管理では、専門的な能力をもった担当者が事務を分掌することができる。相続をめぐる家族・親族内のトラブルなどの問題は、親族に直接関与させずに、中立的な立場の第三者が間に入ることによって、うまくまとまることもある。まさに、「成年後見の社会化」の方向性に合致する。

④ 長期間にわたる後見可能性

法人後見であれば、数十年にわたるような長期間の後見の受任も可能である。個人による後見は、常にこの点がネックとなる。知的障害など障害者の子どもをもつ親が、高齢化し、認知症の発症や死亡により、子どもの面倒をみることができなくなるという、いわゆる親亡き後の問題に対応できるのは、法人後見だけである。

第二のポイント──指導助言を中心とする後見人支援

成年後見制度における監督とは、後見人が行う後見等の事務を監督することであり、後見人が不正な行為や権限の濫用等をしないようにする意味であるとされている。また監督人の機能には、①課題解決、②助言・指導、③不祥事防止・是正といった3つの機能があるとされる。監督という事後チェックも重要だが、実際の後見実務にかんがみると、むしろ事前の相談や連絡機能（監督の観点からみれば、指導助言機能）を担保することのほうがより重要であると考える。

① 親族後見人の不祥事について

親族後見人の不祥事多発により、家庭裁判所は、専門職後見を進めるとともに、親族後見に対しては、監督人の選任や後述する後見制度支援信託の利用を促している。親族、特に家族が、最も利益相反の関係に立つことは間違いあるまい。しかし、親族後見人に対するこれまでのフォローの十分性や適切性は検証されているだろうか。後見人の監督強化も大切だが、広く制度の普及啓発に努め、本人や家族に対して、後見人の権限や職務、責任や義務について説明を行い、丁寧に指導助言する体制を確保するべきかと思う。本人の身近で世話をし、支えてきた配偶者や子どもは、本人をいちばん理解している人間であり、身上監護に最も適した後見人候補者であることをいま一度認識するべきと思う。核家族化や、家族関係の希薄化をふまえると、家族の人間関係にまで立ち返って成年後見制度の仕組みを見直さない限り、親族後見人の不祥事の問題は容易に解決しないのではないだろうか。

② 監督より指導助言・後見活動支援

後見実務のなかでは、後見人は、自ら判断に迷うようなケースに直面することは多々あり、ちょっとしたことでも相談できれば安心できるという声は、実務家からよく聞かれる。最近では、監督人がつく事案が増えているが、監督人は、気軽に相談に乗ってくれない（その割には、監督人報酬が高い）という不満の声も聞かれる。

いかなる後見人であろうと、判断に悩まないケースはありえ

ない。絶対正解といえる判断もない。最善の利益についても、判断の基準しか示されていない。1人の後見人に、すべて適切に判断することを要求する仕組みは、後見人に過重な負担を強いる結果につながっていないだろうか。そこで、多くの知恵を出し合うことが可能な法人後見に加え、後見活動のベテランたる監督人のバックアップが望まれる。不祥事の問題にもまして、後見人が、安心して、スムースに後見活動を遂行できるように、後見人の悩みに応え、相談に乗る体制整備が必要である。その意味で、「監督」よりも、広く「後見活動支援」という考え方が重要になると思われる。

③ 監督人の法人化

後見活動支援を行う機関は、法人後見の場合と同様、多職種連携による判断や、指導助言の均質化の観点から、法人の形態にすることが考えられる。また、本人にとっては負担となる監督人報酬を低減させることも可能ではないかと思われる。後見活動支援法人は、常時後見人に寄り添う必要はないことから、たとえば、都道府県単位でそれぞれ数カ所設置されれば十分であろう。指導助言や監督に多大な負担がかからないのであれば、公的な負担とすることも考えられよう。

第三のポイント──第三者機関による財産管理

後見人の重大な職務とされている財産管理であるが、不祥事件の多発に伴い、大きくクローズアップされている。身上監護に最も適している家族や親族は、こと財産管理に関しては最も

利益相反が起きやすい後見人候補者となる。そこで第三者機関である金融機関による、中立的な財産管理機能の提供が期待される。

① 後見制度支援信託

最高裁判所は、主に親族後見人の不祥事対策として、2012年2月から、後見制度支援信託の運用を開始した。後見制度支援信託は、成年被後見人等の財産のうち、日常的な支払をするのに必要十分な金銭等については預貯金として後見人が管理し、通常使用しない金銭については信託銀行等に信託する仕組みである（図表2－20）。①信託財産は預貯金等の金銭に限定される

図表2－20　後見制度支援信託
○成年被後見人または未成年被後見人の財産のうち、日常的な支払をするのに必要十分な金銭等を預貯金等として後見人が管理し、通常使用しない金銭を信託銀行等に信託する仕組み
○イメージ図

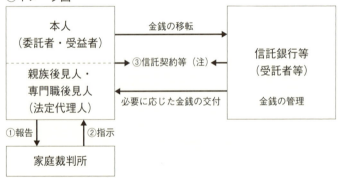

（注）　信託契約締結後は、一時金交付、定期交付金額の変更、追加信託、解約の際に、それぞれ家庭裁判所の発行する指示書が必要。
（出所）　家庭裁判所パンフレットより作成

こと、②信託財産から支払が必要な場合には、家庭裁判所の指示書により払い出すこと、③後見類型の場合に限られること（保佐類型、補助類型、任意後見の場合は対象外）などが、ポイントとしてあげられる。従来は、新規の申立案件について適用されていたが、2013年からは、既後見案件にも適用が始まっており、近時では、親族後見人の事案ばかりでなく、専門職後見人の事案についても適用が始まっているとの指摘もある。当初は、預貯金が1,000万円以上ある事案に限ってきたが、下限金額も低下しつつある。後見制度支援信託は、法定の制度ではなく、家庭裁判所から利用の打診があったとき、申立人は応ずる義務はないが、かわりに監督人が選任される運用になっている。2012年2月から2015年12月までの累計利用人数は、9,965人、累計信託財産額は約3,363億円となっている。

各地の家庭裁判所による後見制度支援信託の利用拡大には、後見人の不祥事発生は、家庭裁判所の後見人の選任・監督責任であるとして、国家賠償責任の有無が問われた裁判で、原告の請求が認容されたという背景がある（広島高判平成24年2月20日、宮崎地判平成26年10月15日など）。司法による監視には限界があることを考えると、金融機関等の中立的な第三者を積極的に関与させることによって監視機能を高めることが、抜本的な対策として有効なのではないかと考えられる。

② 後見口座

財産管理の本旨は、本人が使いたいことに不自由なくお金が使えるようにすることである。特殊詐欺や消費者被害、後見人

不祥事の防止のために、預金口座にカギをかける安全性と、本人が使いたいことにタイムリーにお金を使える利便性の、2つの機能を確保することが必要である。全国の金融機関が、そのような機能をもった預金口座を提供できれば、信託商品であることに必然性はなく、むしろ身近な存在である金融機関が、積極的に本人の金銭管理に関与することは、本人にとっても家族にとっても望ましいだろう。

高齢者にとっては、後見を利用する前、判断能力が減退を始める時期から、財産被害防止に役立つ財産管理機能をもった利便性のある預金口座が必要ではないかと考えられる。金融機関による財産管理機能が実装された、後見口座である。成年後見制度の利用の有無とは関係なく利用可能な後見口座が提供されれば、高齢者にとっては安心安全なサービスとなろう。

(4) 成年後見制度利用促進法

2016年4月、「成年後見制度の利用の促進に関する法律」および「成年後見の事務の円滑化を図るための民法及び家事事件手続法の一部を改正する法律」が成立した。今後は、成年後見制度の利用の促進に向けた諸施策の推進や、さまざまな課題の解決が図られると思われる。以下、法律のポイントについて述べておきたい（図表2－21）。

基本理念では、成年後見制度の3つの理念の明文化が図られた。ノーマライゼーション・自己決定権の尊重に加え、身上の保護の重視があげられ、財産管理のみならず、身上監護の重要

図表2−21　成年後見制度利用促進法

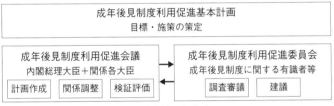

(出所)　成年後見制度利用促進法案等より作成

性が明確にされたことは大きな意味がある。また、国と地方公共団体には、成年後見制度の利用促進についての責務があることが明記された。金融機関も、介護・医療事業者とともに「成年後見関連事業者」として、利用促進施策に対する協力についての努力義務があることが明記されている。

また、本人の権利制限の撤廃、医療同意をはじめとする後見人の事務の範囲、任意後見の利用促進、国民への周知啓発、後見ニーズの把握、担い手の育成・研修等の実施や後見実施機関の支援、後見人に対する相談や助言、後見実施機関と介護・医療・金融機関等の連携確保等の11の基本方針が掲げられてい

る。成年後見制度の利用促進と広範囲にわたる課題解決に向けて、大きく舵を切ったといえよう。

　推進体制では、内閣総理大臣を会長とする成年後見制度利用促進会議と、有識者によって構成される成年後見制度利用促進委員会が設置されることになった。利用促進に関する目標が明確に掲げられ、制度の利用や後見の担い手確保についても、計画的に進められることになった。成年後見制度利用促進基本計画を、法施行後3年以内に作成することが決定し、実施状況については、HPで公表されることになっている。

　なお、民法と家事事件手続法の一部改正では、後見人の郵便物の転送等の管理や、本人死亡後の財産管理についての権限が明確化され、現状での後見実務の課題について、一定の解決が図られることになった。

(5) 日常生活支援の重要性

円滑な後見活動

　1点目は、円滑な後見活動の観点である。

　法定後見の場合、後見人候補者どおりに後見人が選任されるとは限らない。本人や家族、介護や福祉のスタッフとは何の面識も縁もない後見人が選任された場合、本人や周囲の支援者と後見人は、一から信頼関係を構築しなければならない。その点、任意後見の場合、本人が信頼している受任者を選んで任意後見契約を締結するのであるから、基本的には、円滑な後見事務の遂行が期待できる。

後見活動で最も重要な要素は、本人や周囲の関係者と後見人の間の信頼関係である。短期間に、強い信頼関係をつくることは容易なことではない。まずはコミュニケーションが必要だが、その手段の１つが日常生活支援といえる。本人との信頼関係という観点で、最も適任なのは、同居や近居の家族や親族であるが、家族や親族を頼ることができないケースがふえている。後見人に相応しい能力や資質の有無も問題となる。後見を依頼するに足る人材や団体を探し出すためにも、日常生活支援によって、本人と支援者との間の信頼関係を構築していくことは有効であると考えられる。

身上監護の先取り

　２点目は、身上監護の先取りの観点である。

　日常生活支援における見守り・安否確認や、金銭の管理は、実質的に身上監護と同じ機能を果たしている。成年後見における身上監護の本旨は、「手配」であって、自ら事実行為を行うことを求められているわけではないが、本人支援の観点では、身上監護は、日常生活支援の延長線上にあると位置づけられる。(図表２－22)。日常生活支援とは、いわば、身上監護を先取りしたものであると考えられる。

　第三者後見人が増えるにつれ、身上監護の重要性が高まっている。法定後見の場合、第三者後見人は、通常、後見が始まる時から、本人との付き合いが始まる。そうなると、後見が始まる前の元気だった頃の本人の人となりを知ることは容易ではな

図表2-22 日常生活支援の延長線上にある成年後見制度

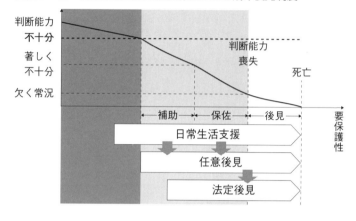

い。元気だった当時の本人のことを知っているかどうかは、よりよい後見実務を行っていく（本人からみれば、よりよい暮らしを実現する）うえで、大変重要な問題である。第三者後見人は、通常後見活動開始時に、家族や親族、友人・知人、介護事業者などさまざまな関係者に挨拶を行う。自分が後見人に就任したことを知らしめ、後見活動を円滑化するためであるが、何よりも本人をよく知ることが目的である。認知症施策でも、本人の人となりを知ることがケアの重要なポイントとなっている。日常生活支援を行っている期間は、成年後見制度の利用に向けた助走期間でもある。支援者は本人と一緒に助走期間を過ごすことが、その人となりをよく知ることにつながっていく。

成年後見制度の普及

　３点目は、成年後見制度の普及の観点である。

　序章で述べたように、成年後見制度をよく知らないという高齢者は少なくない。相続・遺言・成年後見等のセミナーに参加する高齢者等の顔ぶれは決まっていることが多いと見聞する。問題は、そういう場に参加しない高齢者へのアウトリーチである。

　日常生活における困りごとは、日々直面する問題であるから、自分ごととして考える高齢者は少なくないだろう。話し相手・相談相手から始まる日常生活の支援は、喜ばれることが多い。日常生活支援の期間（成年後見制度への助走期間）中に、本人のことをよく理解し、ニーズをくみ取り、本人に気づきを与える。時間をかけて、老後の人生や、介護のこと、死後のことなどについて相談に乗る。そのうえで、成年後見制度を説明し、利用を判断してもらうという手順を踏む。いきなり成年後見制度を理解してもらうのではなく、成年後見制度が必要となる前の段階での高齢者の悩みに応えることが、成年後見制度の利用につながるのではないだろうか。

　また、成年後見の担い手養成という課題解決も重要だが、「現代版隠居」の観点では、将来の利用に備えて、高齢者本人や家族が、人生の必須科目として成年後見を学ぶという視点が大切ではないかと考えられる。

　自分の死後のことに関心をもつ高齢者がふえている。遺産相続争いの増加のせいか、以前に比べて遺言書を作成する高齢者

がふえた。葬儀や埋葬などについて希望を述べる高齢者もふえている。死んだ後のことは、自分では指図できないうえ、死は当分先のことだという気楽さか、話題にすることにさほど抵抗感がない高齢者が多いように見受けられる。死後のことから逆算して、自分の老後や成年後見制度について考えるきっかけにしてもらうことも有効と思われる。

第 3 章

社会保障と権利擁護の起点となる日常生活支援

1 高齢者施策の起点となる日常生活支援

(1) 高齢者施策の真髄

　社会福祉の負担方法には、自助・共助・互助・公助の4つがあり、自助を基本に、共助・互助・公助によって補完するというのがわが国の基本的な考え方である。しかし、第1章で述べたとおり、家族・職場・地域社会は、高度成長時代のものとは大きく変容し、国による社会保障負担は限界に近づいている。

　このひずみを調整するには、すべての高齢者を一方的な支援の対象と考えるのではなく、相互支援、支援の担い手として高齢者を位置づけることが、これからの高齢者施策の基本と考える。常に、助ける・助けられるという一方的な関係ではなく、困っているときはお互いに助け合うという考え方である。だれかのため、地域や社会のために役立っているという気持ち、マズローの社会的欲求や承認欲求を満たすことが、高齢者のプライドをくすぐり、モチベーションを高めることになると思われる。「お互い様」「情けは人の為ならず」、共助・互助の精神が根づく日本人のメンタリティーやアイデンティティには、むしろ地域貢献や社会貢献の考え方が有効と考えられる。

　高齢者に対する過剰な支援は逆効果になることもある。特に認知症施策では重要なことである。自分でできることは自分でする。転ばぬ先の杖も使い方次第である。福祉は、決して施し

ではない。自助を引き出すことが本当の福祉の意義であり、高齢者施策の真髄と考える。

自助を引き出す方策

　自助を引き出す第一歩は、家に閉じこもりがちな高齢者を、外へ連れ出すことである。そのためには、物理的なたまり場、精神的につながる場など、さまざまな「場」をつくることが有効である。古民家や空き家の活用は、このような観点からも注目される。「場」に参加した者には、「役割を与える」べきである。小さくとも役割があることによって動機づけとなり、生活のハリにつながる。さらに、参加を継続させるための工夫を凝らす。「場」に集まる目的が1つしかなければ、その目的に関心がない人は参加しない（できない）。多くの人が参加できるように、参加する目的や理由をできる限り多くする。たった1つの理由しかなくとも、参加できる理由があれば、「場」に来ることができる。その理由が「つながり」となる。

留 意 点

　自助を引き出す方策をより効果的にするカギは、「タテの交流」と「ヨコの交流」である。

　高齢者は、同世代とだけ会話をするよりも、老壮青＋幼年期と、あらゆる世代と会話し、触れ合うことが望まれる。年齢や世代を超えた「タテの交流」である。若年層も、核家族の進展で、高齢者と触れ合う機会が少なくなっている。日本には、言

い伝え・伝承という文化を継承する技術がある。行為で伝わる行事・芸能や、口頭で伝わる民話・伝説である。このような伝承は、多世代の交流があってはじめて成り立つ。

　行政の施策は、基本的にタテ割りである。継続的に市民が参加するイベントや行事を開催すると、その施策・目的の数だけコミュニティができるが、コミュニティを超えたつながりは生まれない。結果として地元社会のなかでヨコのつながりが生まれにくくなっている。施策や目的にとらわれない、問題解決をしない、機能をもたないオープンな「場」づくりが、コミュニティの活性化につながる。これが「ヨコの交流」である。

(2) 日常生活支援の意義

　日常生活は、ニーズに対する情報の認知・判断・選択・決定の連続である。情報を収集し、判断・選択して決定するという一連のプロセスを経て、自分のニーズにあったサービスを受けることができる。どんなによいサービスがあっても、受益者に、一連のプロセスを適切に行う機能がなければ、サービスの利用にはつながらない。ニーズにあったサービスのマッチング機能が必要である。それが、日常生活支援であり、身上監護である。

日常生活支援とは何か

　日常生活支援に改まった定義はなく、一般的には、買い物・炊事・洗濯などの家事全般が、これに当たると考えられる。厚

生労働省では、日常生活のニーズを、①安心（いわゆる見守り等）、②日常的家事（掃除・洗濯・食事等）、③外出（付き添い等）、④交流（仲間づくり）、⑤非日常的家事（大掃除等）の「5つの領域」と、日常生活で不意に起こる「ちょっとしたこと」を加えたものであるとしている（図表3-1）。特に一人暮らしの高齢者にとっては、①安心に対する支援が重要である。さらに、心身の衰えが進み、医療や介護が日常生活の一部になって

図表3-1　日常生活のニーズ

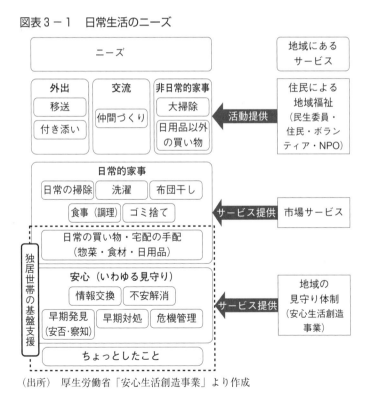

（出所）　厚生労働省「安心生活創造事業」より作成

くる高齢者にとっては、5つの領域等に加え、終末期の準備等も重要な生活支援となってくる。

日常生活支援を考える視点

　日常生活支援を、ヒト・モノ・カネの3つに区分して考えてみる（図表3-2）。「5つの領域」と比べると、特にカネの部分がクローズアップされる。カネは、老後の生活設計を考えるうえで欠かせないポイントである。家事援助的な生活ニーズに応えることも大切だが、人生の意思決定にかかわるようなニーズに応えていくことも、日常生活支援の重要な任務であると考えられる。

　日常生活支援とは、家政婦のような作業の「代行」にとどまるものではない。支援の本質は、本人自身がやりたいことを実現することである。特に、QOLの観点では、できる限り本人の自立と自律を促すような支援のあり方が望ましい。たとえば、買い物のニーズに対して、商品そのものを買ってくるのは「代行」である。その真意がショッピングを楽しみたいということであれば、行きたいお店に同行し、買い物に付き合うことは「支援」である。支援行為の主体と客体に分かれるのではなく、本人と同じ目線・立場に立った支援が、理想的な日常生活支援と考える（図表3-3）。

　日常生活支援の機能を掘り下げていくと、日常生活支援と、成年後見人の職務である身上監護の機能とに大きな差異はなく、身上監護とほぼ同様の機能を担っている。日常生活支援と

図表3－2　ヒト・モノ・カネから考える日常生活支援

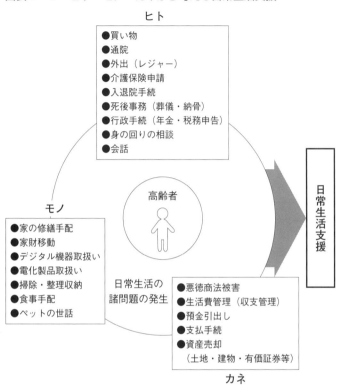

（出所）　JLSA資料より作成

成年後見制度を分けて考えるのではなく、連続的に同一線上で考えることが本人保護につながる。成年後見制度の観点からみれば、身上監護とは、いわば日常生活支援の一部であり、法的な権限をもった手段である。

このように、日常生活支援とは、「本人の自立を促す、本人

第3章　社会保障と権利擁護の起点となる日常生活支援　93

図表3－3　代行と支援の違い

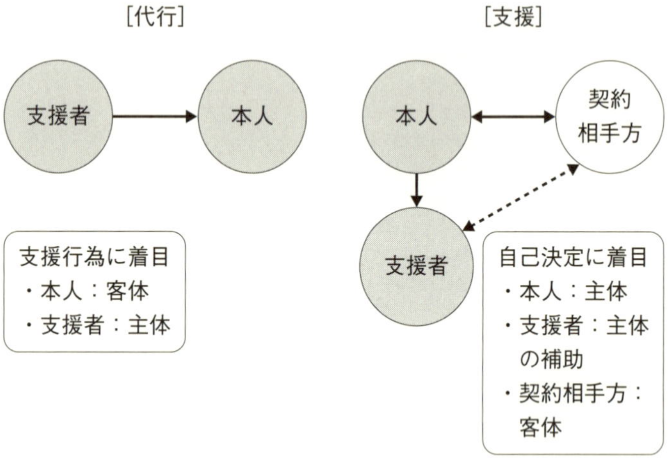
[代行]
[支援]
支援者
本人
本人
契約相手方
支援者
支援行為に着目
・本人：客体
・支援者：主体
自己決定に着目
・本人：主体
・支援者：主体の補助
・契約相手方：客体

目線に立った、身上監護を先取りしたさまざまな日常生活のサポート」であると考えられる。

(3)　日常生活支援がもたらす効果

日常生活支援は、他人や地域との「つながり」から始まる。「つながり」は、自ら積極的にイベント等に参加するばかりではなく、たまたま、ふとしたきっかけによっても、もたらされる。他人や地域とのかかわりを面倒くさいと思わず、一歩を踏み出すことが大切である。そのような意味で、家のなかでもなければ外でもない「縁側」のような機能をもつ空間を地域社会につくることが有効だと思う。地域のなかで「つながり」ができると、他人と「会話」をする機会が生まれる。他人との会話

図表3-4 日常生活支援がもたらす効果

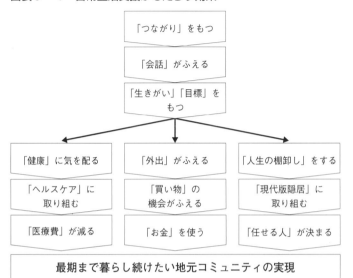

(出所) JLSA資料より作成

を通じて、双方向のコミュニケーションが形成され、「生きがい」や「目標」が生まれる。それによってさまざまな効果がもたらされると考えられる（図表3-4）。以下に示す3点は、具体的に検証されているわけではなく、1つの仮説にすぎないが、第4章で紹介する市民団体の実際の活動を通じて、大きな手ごたえを感じている。

その1──社会保障費の抑制・財政健全化

「生きがい」や「目標」ができると、健康への気遣いが生まれると考える。外出の予定があれば、体調に気を配るようにな

る。散歩や軽い運動、規則正しい生活等、日常的な身体のケアにつながる。定期的な健康診断や通院は、結果的に医療費や介護費用を低減させることにつながるだろう。特に成人病予防は認知症予防に直結している。昨今健康寿命に対する関心が高まっているように感じるが、1人でも多くの国民が健康維持に努めることは、社会保障費の抑制につながり、財政の健全化をもたらすと考えられる。

その2——地域経済の循環・活性化

「生きがい」や「目標」ができると、外出の機会がふえると考える。身体が不自由な状態であっても、外出意欲さえあれば、支援者によるサポートが可能である。外出機会の増加は、買い物や飲食の機会の増加に結びつく。さらに、人と触れ合うことが新たなつながりをつくるきっかけになる。市民・市民団体による、手配・付き添い・代行の支援ビジネスの発展にもつながる。外出による消費機会の増加は、単なる消費支出の増大以上の効果をもたらす可能性がある。

その3——早めの自己決定による権利擁護の実現

「生きがい」や「目標」ができると、気持ちが前向きになり、考え方や目線が、過去ではなく将来に向かうと考える。自分が実現したいことを考え、将来のために現在なすべきことを整理することが可能になる。元気で判断能力がしっかりしている自由な状態で、相続や継承について自己決定・意思表示をす

ませておけば、生命や財産に関する重大な選択を迫られたときにも、適切な判断につながると思われる。早めの自己決定・事前の意思表示による「現代版隠居」の取組みは、本人の権利擁護の実現につながると考えられる。

(4) きっかけとなる介護

日常生活支援が必要となる時期は、おおむね介護保険の利用時期と重なるものと考えてよいだろう。医療が進歩した現代社会では、介護は、だれもが直面する、避けて通れない問題であり、他人事ではなく自分事として向き合うべき問題である。自分の介護を考えることは、日常生活の過ごし方・老後の暮らし方・生き方についての自己決定であり、意思表示である。本項では、ケアプランの自己作成とその意義について説明する。

介護保険の利用とケアプランの作成

まず、介護保険の利用の流れを振り返る（図表3-5）。

介護保険の利用を希望する場合、本人の住所地の自治体（保険者）に申請書を提出する。介護保険に関する最も身近な窓口は、自治体のなかに設置されている地域包括支援センターである。申請書を提出すると、市町村の調査員が訪れ、心身等の状態を確認するための調査を行う。調査結果と主治医の意見書はコンピュータ入力され、要介護度の判定が行われる（1次判定）。その結果を受けて、介護認定審査会による要介護度の判定が行われる（2次判定）。市町村は、判定結果に基づき、要

図表3-5　介護保険の利用の流れ

① 要介護認定の申請	・介護保険被保険者証が必要 ・64歳以下の場合は、医療保険証が必要
② 認定調査・主治医意見書	・認定調査：市町村の調査員が訪問 ・主治医意見書：市町村が依頼
③ 審査判定	・1次判定：コンピュータ入力 ・2次判定：介護認定審査会による判定
④ 認定	・7段階と非該当：要介護5段階・要支援2段階 ・有効期間（原則）：新規6カ月、更新12カ月
⑤ 介護サービス計画書の作成	・要介護1～5⇒居宅介護支援事業者へ作成依頼 ・要支援1～2⇒地域包括支援センター作成依頼
⑥ 介護サービス利用の開始	・要介護者⇒介護給付／要支援者⇒予防給付 ・非該当⇒地域支援事業の利用も可

（出所）　厚生労働省HP「介護保険の解説　サービス利用までの流れ」より作成

介護認定を行い、認定結果を申請者に通知する。認定の有効期間は、新規時は原則6カ月、更新時は原則12カ月である。身体の状況に変化があったときは、途中で変更の申請を行うことができる。

介護サービスの利用を希望する場合、介護（介護予防）サービス計画書（ケアプラン）を作成することが必要となる。ケアプランの作成は、要支援の場合は地域包括支援センターに、要介護の場合は介護支援専門員（ケアマネージャー）がいる居宅介護支援事業者へ、それぞれ依頼することができる。

全国マイケアプラン・ネットワークの取組み

　ケアプランを立てるとき、「本人の思い」よりも、家族やケアマネージャーによる「本人のための思い」によってケアプランが立てられることも少なくない。このため、いちばんの当事者であり最大の受益者であるはずの本人は蚊帳の外に置かれてしまい、本人らしい暮らしや生き方ができずに、本人が望まない介護、過剰な介護や不適切な介護が行われることもある。ケアプランは、必ずしもケアマネージャーが作成する必要はなく、利用者本人が作成することも可能である（介護保険法第41条第6項）。

　ケアプランの自己作成の普及・啓発に取り組む団体があるので紹介したい。自らの両親の介護経験から、丸投げしない老後の暮らし方を提唱する島村氏が立ち上げた、全国マイケアプラン・ネットワーク（東京都文京区）である。マイケアプランは、2001年9月に、現代表の島村八重子氏が、賛同者とともに立ち上げた団体である。島村氏は、脳梗塞で寝たきりになって介護を受けていた義父を看取った経験から、義父が最期まで自分らしく生きることができたのかどうかについて疑問を感じ、

義母の介護を行う時には、ケアプランを自己作成し、義母を見送った経験をもつ。

マイケアプランは、ケアプランの自己作成者や、自己作成に関心をもつ人たちの情報交換の場となっており、定期的にワークショップも開催されている。毎月保険者に提出する書類作成の支援ソフト「とき」は、無料で提供されている。また、ケアプランの作成過程と根拠をユーザー視点に立ってわかりやすく解説した「あたまの整理箱」や、介護保険の申請時に備えて、自己認識・自己発見を行い、これからの生き方について考える「マイライフプランの玉手箱」といったツールも整備されている。

ケアプランの自己作成

マイケアプランが提唱するケアプランの自己作成の流れをみてみよう（図表3-6）。

自己作成を行うためには、自分（これまでの足跡・これからの生き方・周囲とのかかわり）を知る、地域（隣近所・地域の制度・地域資源）を知る、介護保険制度（理念・仕組み・サービスの内容）を知るという3つのタスクに取り組むことが必要となる。マイケアプランが提供する支援ツールの利用や、地域包括支援センターでの情報収集等が役に立つ。実際にケアプランを自己作成するときには、まず自治体や地域包括支援センターの窓口に対して、自己作成する意思を伝える。次に、サービス内容や事業者を決め、具体的な計画を策定する。計画ができた

図表3-6　セルフプランニングの流れ

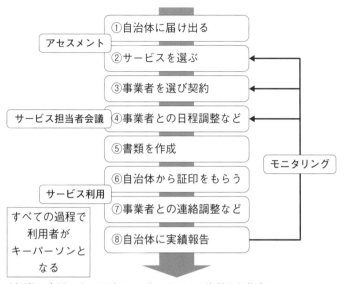

（出所）　全国マイケアプラン・ネットワーク資料より作成

ら、サービスごとに事業者と契約を締結し、実際にサービスを受ける。事業者との連絡調整や、毎月の利用実績・翌月の予定を自治体に提出することも自ら行う。給付管理（介護保険からの費用請求）は自治体の業務なので、自ら行うことは不要である。介護サービス計画の作成は、月次単位である。翌月も今月と同じでいいのかどうか常にチェックすることが肝要である。本人や周囲に知見があれば、新規の申請時から自己作成することも可能であるが、利用に慣れた後、翌月分から自己作成に切り替えてもよい。

　自己作成を行う場合、事業者との連絡や保険者への提出書類

図表3－7　自己作成のケースとケアマネに依頼するケースとの違い

[自己作成のケース]

給付管理（介護保険からの費用の請求業務）は自治体が行う

[ケアマネに依頼するケース]

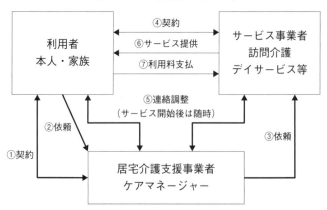

給付管理（介護保険からの費用の請求業務）はケアマネが行う

（出所）　全国マイケアプラン・ネットワーク資料より作成

の作成は、手間や時間がかかる、正確に行うこと等は覚悟しなければならない（図表3-7）。しかし、自己作成とは、本人や家族だけですべてを行うという意味ではない。あくまでも本人が、主体的・積極的に計画策定に関与することが自己作成の本質である。ケアマネージャーがもつ情報や自治体のネットワーク等、周囲を上手に利用する視点が大切である。

2015年からスタートした第6期の介護保険では、サービス内容の複雑化により、サービスコードの数は4万を越える（介護予防・日常生活支援総合事業を含む）。全体像がわかりづらくなっているときこそ、本人の主体的な関与が重要性を増す。マイケアプランの考え方が広く普及することによって、本人が老

図表3-8　ケアマネジメントのプロセス

① 相談の受付（インテーク）	・ニーズを抱えているが、自覚がない状態の人に対し、説明を行う。
② アセスメント（状態把握・情報収集）	・利用者の生活状況を確認し、必要な支援内容を確認する。
③ ケアプランの作成	・ケアマネジメントの目標設定 ・目標達成のための個別利用計画の作成
④ ケアプランの実施	・利用者が円滑にサービスやサポートを受けられるようにケアプランを実施
⑤ モニタリング・再アセスメント	・利用者やサービス提供状況についてのチェックとフォローアップ ・必要に応じてアセスメントを実施、ケアプランを修正する。

（出所）　一般社団法人日本介護支援専門員協会「利用者が自分らしく豊かに生活するためのケアマネジメント」より作成

後の暮らしについて、自分の言葉で語ることは、本人本位のケアマネジメントに取り組むケアマネージャーにとって大きなメリットがある。ケアプランの自己作成は、ケアマネージャーの仕事を奪うものではなく、ケアマネジメントの向上におおいに役立つだろう（図表3‐8）。

自己作成の意義

　島村氏の著書のなかに、「最期まで自分らしい生をまっとうしたければ、年をとって自分の力だけでは日常生活がおぼつかなくなったときには、一旦立ち止まり、自分でケアプランを考えるという、"暮らしの棚卸し作業"を行うことが絶対に必要なのです」というくだりがある。これこそ「現代版隠居」の実践である。

　要介護状態になっても、自分が望む暮らし、自分らしい生き方をするためには、自分がどういう暮らし・生き方をしたいのかを自分で考え、自分の言葉で伝えることである。介護保険を活かすも殺すも本人次第、自分で考えるべき部分をケアマネージャーに丸投げし、後は他人に責任転嫁では、介護保険はうまくワークしない。介護保険のサービスを利用することからスタートするのではなく、これまでの暮らしからスタートして介護保険のサービスに至るという発想が必要である（図表3‐9）。

　これまでの暮らしを継続することがケアプランの目的であり、暮らしぶりは人によって異なる。つまり、100人いれば100

図表3-9　介護保険の利用の考え方

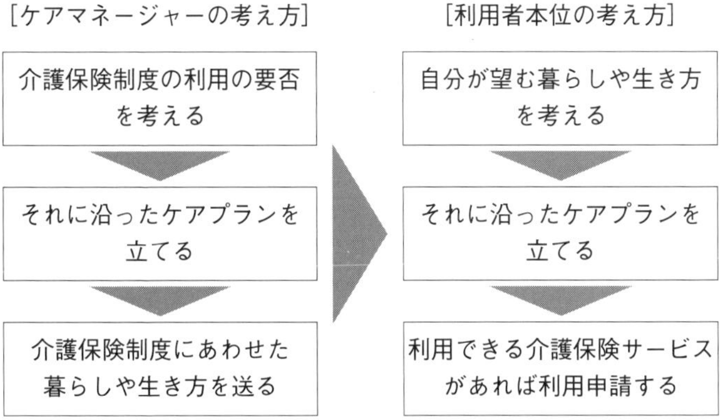

［ケアマネージャーの考え方］　　　　［利用者本位の考え方］

介護保険制度の利用の要否を考える	→	自分が望む暮らしや生き方を考える
それに沿ったケアプランを立てる		それに沿ったケアプランを立てる
介護保険制度にあわせた暮らしや生き方を送る		利用できる介護保険サービスがあれば利用申請する

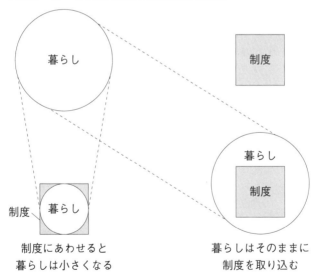

図表3-10　暮らしのなかに制度を取り込む

制度にあわせると　　　　　暮らしはそのままに
暮らしは小さくなる　　　　制度を取り込む

（出所）　全国マイケアプラン・ネットワーク資料より作成

通りのケアプランができる。ケアプランの作成＝介護保険サービスの利用を意味するものではない。介護保険制度にあわせて暮らしを変えるのではなく、暮らしのなかに介護保険制度を取り込むことで、これまでの暮らしを継続させることを考える（図表3−10）。

要介護度の進展によって、利用するサービスが変わると、ケ

図表3−11　ケアの連続性と伴走者の必要性

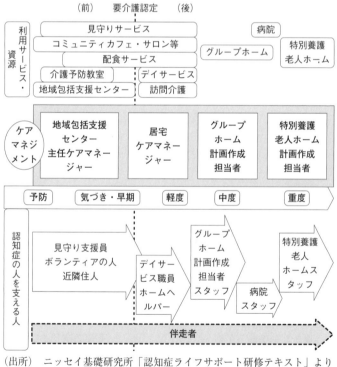

（出所）　ニッセイ基礎研究所「認知症ライフサポート研修テキスト」より作成

アマネジメントの担当も変わる。終末期まで伴走するケアマネージャーや専門職はいないのが現実である（図表3－11）。サービスの変わり目が情報の切れ目にならないためにも、ケアマネジメントの大本となるケアプランの作成には、本人の主体的な関与は不可欠である。このようなケアプランの作成支援を、日常生活支援に取り込むことはきわめて有効なサービスになると考えられる。

2 日常生活支援への取組み

　日常生活支援は、地域包括ケアシステムの重要な機能の1つである。在宅での暮らしを考えると、医療・介護の連携のみならず、住まいでは不動産業界、買い物では小売・コンビニ業界、生活全般に関するサービスやヘルスケア事業など、さまざまな事業者によるサービスや機能が提供されている。そしてこれらが相互に連携し、補完し合うことが望まれる。

(1) 行政・自治体

日常生活自立支援事業

　行政による日常生活支援の取組みに、日常生活自立支援事業がある。日常生活自立支援事業とは、福祉サービスの利用に関する援助等を行うことにより、判断能力が十分とはいえない人が、地域のなかで自立した生活を送ることができるよう支援する事業である。日常生活自立支援事業は、1999年11月から、地域福祉権利擁護事業として、都道府県社会福祉協議会を事業主体としてスタートし、2007年度に、日常生活自立支援事業に名称が改められ、現在は、都道府県・指定都市社会福祉協議会が事業主体として実施されている。

　認知症高齢者や障害者等「判断能力が不十分」ではあるが、当事業の「契約内容について判断はできる」程度の能力は有している人が対象者である。利用は在宅に限られず、施設への入

図表3-12 日常生活自立支援事業

	日常生活自立支援事業 (旧地域福祉権利擁護事業)	成年後見制度（法定後見）
制度開始時期	1999年10月（2007年4月から名称変更）	2000年4月
所管	厚生労働省	法務省
根拠法令	社会福祉法	民法
対象者	精神上の理由により日常生活を営むのに支障がある者	精神上の障害により事理弁識能力が十分でない者
担い手	都道府県・指定都市社会福祉協議会 （専門員・生活支援員）	成年後見人・保佐人・補助人 （自然人・法人）
手続	住所地の社会福祉協議会に相談・申込み 社会福祉協議会との契約	家庭裁判所に審判申立て 審判開始の決定により開始
意思能力確認	契約締結判定ガイドライン・契約締結審査会	医師の診断書・精神鑑定
保護の方法・種類	本人と社会福祉協議会で援助内容を決定 福祉サービスの情報提供・助言、日常的金銭管理、書類等の保管	家庭裁判所による保護内容の決定 成年後見人等に代理権・取消権・同意権・追認権
費用	契約利用料は利用者負担	申立費用は申立人負担・報酬等は本人負担

所や病院への入院の場合も利用できる。対象者は判断能力が不十分な人という点で、成年後見制度との棲み分けは必ずしも明確ではないが、成年後見制度を利用する前あたりのニーズに応える福祉的施策と位置づけることができる（図表3－12）。

　日常生活自立支援事業の内容は、福祉サービスの利用援助、苦情解決制度の利用援助、住宅改造、居住家屋の賃借、日常生活上の消費契約および住民票の届出等の行政手続に関する援助等であり、年金証書や預貯金通帳等の保管や定期見守り等のサービスがある。利用時には、地元の社会福祉協議会との契約を締結し、社会福祉協議会の専門員や生活支援員が、具体的な援助を行う。相談は無料であるが、サービスは有料（1回当り平均1,200円）である。制度創設以来、12万件を超える新規契約

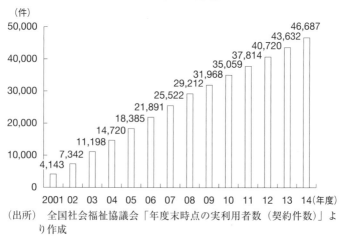

図表3－13　日常生活自立支援事業の利用状況

（出所）　全国社会福祉協議会「年度末時点の実利用者数（契約件数）」より作成

実績があり、2014年度末での利用契約件数は、約4万7,000件となっている（図表3－13）。

介護予防・日常生活支援総合事業

2015年度から、介護予防・日常生活支援総合事業がスタートしている。新しい総合事業は、自治体が中心となり、住民等の多様な主体が多様なサービスを提供することで、要支援者等に対し、支援等を行う（図表3－14）。特に、多様な主体による多様なサービスの提供の観点から、NPOやボランティア等がサービス提供者の例にあげられている（図表3－15）。さらに、高齢者の介護予防のためにも、「高齢者の生活支援の担い手と

図表3－14　生活支援・介護予防サービスは高齢者の社会参加がカギ

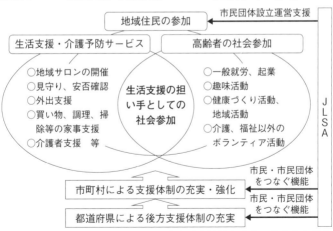

（出所）　厚生労働省「介護予防・日常生活支援総合事業の基本的な考え方」より作成

図表3−15 市民団体がサービスの提供主体に

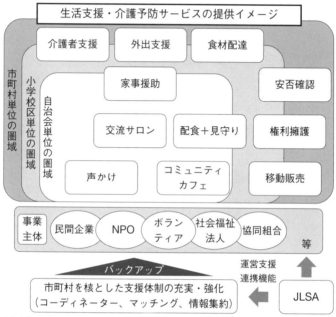

(出所) 厚生労働省「介護予防・日常生活支援総合事業の基本的な考え方」より作成

しての社会参加」が期待されているうえ(図表3−14)、地域における支え合いの体制の観点から、全国の市町村や日常の生活圏域に、「生活支援コーディネーター(地域支え合い支援員)」と「協議体」を設置するものとされている。介護予防や生活支援には、多様なサービスが存在し、それを提供する主体も、介護事業者に限ることなく、さまざまな業界の民間企業や市民・市民団体が考えられる。そこで、これらの提供主体を調整し活

動するコーディネーターが必要となる。生活支援コーディネーターは、主に、地域資源の開発、地域のネットワークの構築、ニーズと取組みのマッチングの3つの役割を果たすことが期待されている（図表3-16）。高齢者が支援の担い手として参加する日常生活支援の取組みが、国の施策として構築された。市民・市民団体が日常生活支援に参加する裏付けができあがったことになる。

図表3-16　生活支援コーディネーターの役割

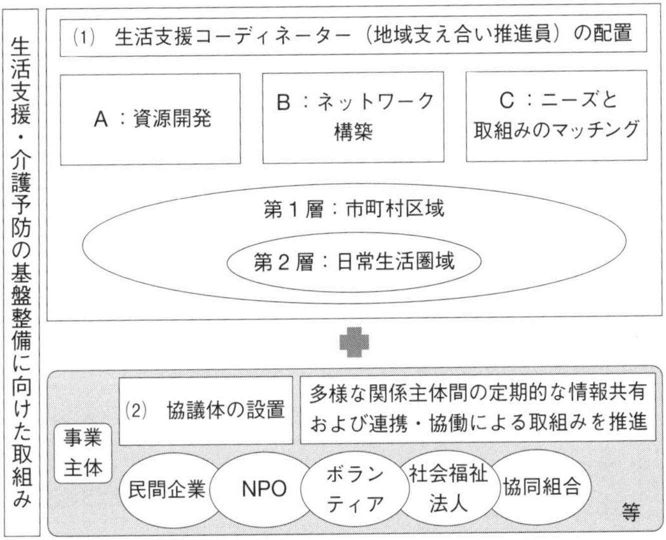

生活支援・介護予防の基盤整備に向けた取組み

(1) 生活支援コーディネーター（地域支え合い推進員）の配置

- A：資源開発
- B：ネットワーク構築
- C：ニーズと取組みのマッチング

第1層：市町村区域
第2層：日常生活圏域

(2) 協議体の設置
多様な関係主体間の定期的な情報共有および連携・協働による取組みを推進

事業主体：民間企業、NPO、ボランティア、社会福祉法人、協同組合　等

コーディネーターの職種や配置場所は限定されないが、市町村や地域包括支援センターと連携しながら活動すること

（出所）厚生労働省「介護予防・日常生活支援総合事業の基本的な考え方」より作成

自治体の取組み

　新しい総合事業が注力する介護予防と生活支援は、ボランティア等の市民・市民団体の参加と親和性がある。

　通所介護（デイサービス）では、年齢や障害の有無にかかわらず、だれでも一緒に身近な地域でデイサービスが受けられる、いわゆる富山型デイサービスが有名である。富山型デイサービスの特徴は、小規模・多機能・地域密着であるが、その場に集まる人々のなかには、擬似ファミリーのようなコミュニティが実現されている。そもそも介護される・支援されるということを認識させないところに、富山型介護の本質があり、多世代交流の原点をみることができる。

　認知症施策でも、市民・市民団体を巻き込んだ取組みがみられる。「認知症になっても、だれもが住み慣れた家や地域で安心して豊かに暮らし続けることができるまちづくり」（大牟田市認知症ライフサポート研究会）を目指す福岡県大牟田市の取組みは、よく知られた事例である。大牟田市は、「まちで、みんなで認知症を包む」をスローガンに、2002年から「大牟田市地域認知症ケアコミュニティ事業」に取り組んできた。認知症ケア専門の人材育成のための「認知症コーディネーター養成研修」等さまざまな事業で構成されているが、地元住民が主体となって生活を支える「SOSネットワーク」（図表3-17）の構築と毎年1回行われる「徘徊の模擬訓練」は、マスメディアでも取り上げられ、2015年で12回を数えるに至った。また、認知症高齢者に対する理解を深める取組みとして、小学生や中学生を

図表3-17　大牟田地区高齢者等SOSネットワーク

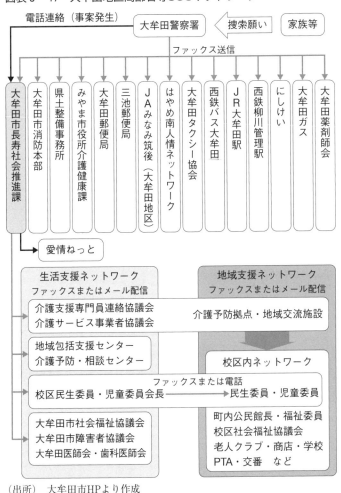

(出所)　大牟田市HPより作成

対象にした「教育現場と一体となった絵本教室」は、地域包括ケアシステムが、教育の観点からも重要であることの大切さを教えてくれる。

(2) 大学等研究機関

大学等研究機関でも、産学官民連携などの観点からの取組みがなされている。

東京大学は、2009年に高齢社会総合研究機構（IOG）を立ち上げ、キャンパスがあった千葉県柏市と連携し、柏市・都市再生機構（UR）・IOGの三者で「柏市豊四季台地域高齢社会総合研究会」を発足させ、5年にわたって超高齢社会のまちづくりのモデル事業プロジェクトを行った。首都圏の典型的なベッドタウンである柏市にある、老朽化した建物の建替事業が計画されていたURの豊四季台団地を舞台に、在宅医療／生きがい就労／まちの設計・移動の3つのテーマで調査研究を行ってきた。在宅医療の普及に向けて、医師会・薬剤師会・歯科医師会・病院関係者・介護事業者等の多職種連携の仕組みづくりを行ってきた。

青森県の弘前大学は2013年に、文部科学省から革新的イノベーション創出プログラム（COI STREAM）の採択を受け、学内にCOI研究推進機構を立ち上げた。健康・医療データの利活用による、健康寿命の増進・医療費の削減等に向けた産業活性の実現を目的としたプロジェクトを推進している。当該プロジェクトの目的は、認知症・生活習慣病研究とビッグデータ解

析の融合による疾病予兆発見の仕組み構築と予防法の開発である。青森県が日本一の短命県であったことを返上するために、2005年から開始した「岩木健康増進プロジェクト」における10年間のビッグデータを解析し、認知症や生活習慣病の予兆を発見するアルゴリズムを開発する。研究開発チームは、予兆法発見チーム・予防法発見チーム・認知症サポートチームに分かれ、全国の大学や、医療・ヘルスケア・バイオ・食品・ICT・金融等のさまざまな民間企業との連携で構成されている。

MBT（Medicine-Based Town）プロジェクト

　奈良県立医科大学は、2006年に世界で唯一の「住居医学」の講座を開講した。医師の役割は、手術や投薬により、治療や症状の軽減を行うことだが、一生のなかで最も長い時間を過ごす住まいのなかで、それを実現するという新しい医学を提唱し、研究を行ってきた。そして2016年から、「医学を基礎とするまちづくり＝MBTプロジェクト」をスタートさせた（図表3－18）。本プロジェクトは、大学の新キャンパス移転が発端となり、超高齢社会への対処・産業創生・地方創生といった観点から、地元奈良県橿原市との協働を進めることになった。2014年5月、まち・ひと・しごと創生総合戦略の地域活性化モデルケースとして採択され、2015年には、橿原市と奈良県、橿原市と奈良県立医科大学との間で、それぞれ包括協定が締結され、2016年には、金融機関・民間企業の活力を導入すべく、MBTコンソーシアムが発足したところである。

図表3-18 MBTプロジェクト

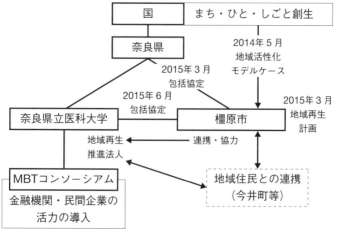

(出所) MBTコンソーシアム資料より作成

　MBTは、まさにスタートしたばかりのプロジェクトであるが、地域包括ケアは街づくりであるという考え方に立脚し、医学やICTの活用というハード面での取組みばかりでなく、市民・市民団体の活用というソフト面での取組みも視野に入れたまちづくりを志向していることから、少し紙幅を割いて紹介したい。

　MBTは、「住居医学」と「医学を基礎とする工学（MBE＝Medicine-Based Engineering）」の2つを組み合わせた考え方である。医師は医学をもって患者の治療にあたってきたが、これからは、予防医学や、蓄積した知識を産業の創生や育成等に活用していくことが必要だという視点に立っている。地域包括ケ

アシステムのあり方を想定した場合、高齢者が住まう地域や街には、高齢者を受け止める機能がなければならない。そのような観点で、「まち」に住まう高齢者に対して、医療、介護予防、見守り等、患者のモニタリング機能を構築していくのが、本プロジェクトの大きな意義である「まちづくり」である。大学のキャンパス移転に伴い、関連施設を病院周辺に整備・連携し、地域包括ケアシステムの実践、ICTを活用した在宅医療モデル等、「まちなか医療」の実現を目指している。

　大学のキャンパスがあり、MBTの舞台となる橿原市には、重要伝統的建造物群保存地区となっている今井町がある。今井町は、戦国時代の16世紀から寺内町として栄えてきた町であるが、近年は、空き地・空き家が目立つようになってきた。「まちなみ景観」の維持保全が懸念されていたところ、空き家となった家を修復再生し、MBTの実行拠点とすることによって、今井町に住む人々の暮らしと街並みを維持するというリノベーションを実践しようとしている。具体的には、ケア付共同住宅や、ショートステイ、予防医療拠点等、まちなか医療や地域福祉の機能を「まちに埋め込む」ことが想定されている（図表3-19）。医療ツーリズムの推進による医療と観光の一体化も期待される。

　実際にMBTの活動が進んでいくと、介護予防・生活支援の担い手確保として、高齢者のさまざまな支援を行う市民・市民団体の参加が不可欠となる。市民・市民団体には、外出・移動、買い物、多世代交流・見守り等の高齢者支援ばかりでな

図表 3-19　まちなか医療拠点──空き家を活用し機能を埋め込む

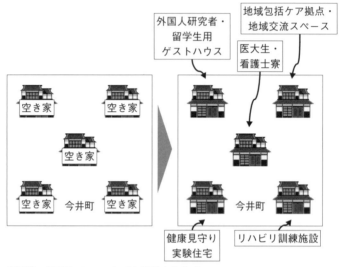

（出所）　MBTコンソーシアム資料より作成

く、地域の子育てや、空き家を活用した「たまり場」の運営等、さまざまな支援の担い手としての活動が期待される。MBTという大掛かりな構想を実現する縁の下の力持ちとして、「まちづくり」に魂を入れることになる。

(3)　民間企業

日常生活支援という分野は、医療・介護・製薬・ヘルスケア・食品・飲食・小売・コンビニ・娯楽・レジャー・不動産・住宅・金融・ICT・葬祭と実に多岐にわたるうえ、全国展開を考えると、民間企業によるサービス提供が不可欠である。

高齢者の日常生活支援で、もっともよく目にするのが、見守り・安否確認である。ICT業界による、スマホ等を活用したさまざまな安否確認・見守りシステムの提供が始まっている。警備業界最大手の㈱セコム（本社東京都）では、地域包括ケアシステムの下支えをするインフラ提供を目指し、高齢者のための救急対応サービスに力を入れている。また、買物弱者対応策として期待される移動スーパー事業は、苦戦することが多いなかで、全国の地域スーパーと提携し、高齢者の玄関先まで商品を届けるサービスを行う㈱とくし丸（本社徳島県）の取組みは、注目に値するビジネスモデルである。当社は、近時では、地域の社会福祉協議会と組み、見守りサービスまで行っている。

ウエルシアの取組み

　ウエルシアホールディングス㈱は、グループ全体で全国約1,500店舗をチェーン展開するドラッグストア業界トップクラスの企業である（2016年2月期）。企業発祥の地でもある埼玉県を地盤に、郊外型店舗を多く抱え、調剤部門は、かかりつけ薬局としての機能も十分に果たしている。調剤併設型ドラッグストアのビジネスモデル確立に向け、接客・品ぞろえを重視する経営方針を打ち出している。

　以前から、出店地域の住民や地元の自治会などから、休憩できる場所やスペースを貸してほしいという要望を受けていた。週末には薬局が休みのため遊休スペースになる調剤室の待ち合わせ場所の有効利用等を考えていたところ、埼玉県坂戸市内の

新店舗でフリースペースを設けることが決定した。

　新店舗の出店地である坂戸市鶴舞地区は、高齢化率も4割を超え、以前あった食品スーパーが撤退して、住民にとっては買い物不便が生じていた。坂戸市から相談を受けたこともあり、その撤退したスーパーの跡地に出店を行うことが決まった。地域住民の買い物利便性を念頭に置いた品ぞろえや店舗づくりを目指すとともに、顧客から要望を寄せられていたフリースペースを確保し、地域住民のための交流の場を提供するという実証実験を行うことになった。

　坂戸鶴舞厚川店では、地域への社会貢献を掲げ、買い物に訪れた顧客の休憩の場、地域住民の井戸端会議の場、薬局や行政からの情報発信の場という3つのコンセプトをもったフリースペース「ウエルカフェ」を、2015年8月からスタートさせた。ウエルカフェの設置は、坂戸市でも、大きな感謝をもって受け止められた。市の社会福祉協議会や地域包括支援センター、住民自治会の紹介も受けることができ、スタート直後から、さまざまなコンテンツを準備提供することができた。

　坂戸鶴舞厚川店では、約6坪（20m^3）をウエルカフェとして確保した。スペースにはテーブル3台とイス12脚が置かれており、だれでも自由に入ることができる。お客様のプライバシー確保の観点から、入口近くに設置しており、現在計画中の一定規模以上の新店舗のレイアウトには、すべてウエルカフェ用のスペースが確保されている。スペースには、坂戸市等からのさまざまなお知らせ等のパンフレットを置くラックが設置され、

自治体からの情報発信が行われている。

現在まで、さまざまなイベントを行っており、地域包括支援センターによる認知症カフェ「さかっちサロン」や、社会福祉協議会による地域ボランティア活動「切手整理サロン」、自治会による「作品展示会」のほか、近隣の社会福祉法人による「買い物ツアー」や農産物直売会「軽トラック市」、ウエルシア薬局による健康セミナーといったコンテンツが、定期不定期に開催されている（図表3－20）。

イベントを行わない時間帯は、来店した顧客が買い物の途中に休憩したり、簡単な食事をすることもできるようになっているが、単なるイートインコーナーではなく、イベントへの参加者や来店した顧客とのやりとりを通じて得た「生の声」を元にして、地域や地元住民の課題を解決することを念頭に運営している。

スタートして半年間、さまざまなイベント開催等を行った結果、イベントに参加する高齢者ばかりでなく、常連の顧客からも好評を博し、多くの感謝の声が寄せられるようになった（図表3－21）。応対する店員からも、高齢のお客様と話ができて楽しかった、顧客との距離が縮まった、といった感想も出ている。

イベント開催時には、ついで買いによる売上増加も多少あるものの、マス的な販促に比べればさほど大きなものではない。それよりも、顧客や高齢者とのコミュニケーションによって得られた情報を活かした施策への反映という観点が大きい。買い

図表3－20 「ウエルカフェ」実例──坂戸鶴舞厚川店

認知症カフェ「さかっちサロン」

主催：シャローム地域包括支援センター

地域ボランティア活動「切手整理サロン」

主催：坂戸市社会福祉協議会

農産物直販売「軽トラック市」

主催：坂戸市農業振興課　農産物生産組合

老人ホーム入居者「買い物ツアー」

主催：社会福祉法人（特別養護老人ホーム）

（出所）「ウエルカフェのご紹介」パンフレットより作成

物をした商品や荷物を自宅まで運ぶ手段があれば、もっと買い物がしたいといった顧客のニーズを拾うことができるようになっている。また、薬剤師による健康指導等は、介護予防や服薬管理等の観点でも大きな意義がある。いままでなら聞けなかった薬や身体症状に関する悩みを相談されるようになると、薬剤師によるカウンセリングもより効果が高まる。このようなコミュニケーションがあってこそ、真のかかりつけ薬局といえ

図表3-21 ウエルカフェに寄せられた声

「認知症カフェ」「切手整理サロン」参加者の声

- 「次回も楽しみにしている、また来る」
- 「家が近所なので、買い物の他にもお店にこのような会があって嬉しい」
- 「帰りに買い物をして帰ることができるのが良い」
- 「試供品を頂けて嬉しい」
- 「健康のワンポイントアドバイスもためになる」

「買い物ツアー」参加者の声

- 「買い物が楽しかった」
- 「買った物を食べる事ができた」
- 「買い物だけでなくイベントもしていて、初めての方々とお話ができて良かった」
- 「思ったより安かった、もっと買えば良かった」
- 「化粧品の販売員の方が買った物を控えてくれて、次回また買う時にはあの人に聞けば良いのね」

Voice !

主催者(地域包括支援センター、社会福祉協議会、社会福祉法人)の声

- 「定期的に開催させていただきたい」
- 「ウエルシアさんがサロンの場所を提供いただき感謝している」
- 「参加者へウエルシアさんの薬剤師によるワンポイントアドバイスをしていただけて感謝している」
- 「参加者の方々がとても喜んで帰ってきて、また行きたいと言っている」
- 「次回の実施も検討したい」
- 「施設内に行事の様子として写真を飾ります」

(出所)「ウエルカフェのご紹介」パンフレットより作成

る。

　ドラッグストアの店舗では、原則として認知症サポーターを2名配置しているが、顧客とのコミュニケーションが増えることによって、認知症の方の早期発見につながる等、店員の人材教育の観点でも大きな期待が寄せられている。

　このように、店舗内のフリースペースを活用した地域の課題

解決という実証実験は、現在まで着実な成果をあげている。ウエルカフェの運営は、一貫して地域貢献という立場を貫いていることが成功の要因の1つとなっている。ウエルカフェでは、企業の宣伝もマーケティングもしない。カネの匂いを遮断させることで、自治体からの信頼を得、住民からのロイヤリティを高める結果につながっている。これまでの施策のような単純なインバウンドでもなければアウトバウンドでもない、地に足の着いた活動である。地域の高齢者や顧客にさまざまな「場」を提供するという地域貢献の切り口から、顧客に新たな付加価値を提供する好事例といえる。

　坂戸鶴舞厚川店に続き、他の店舗でもウエルカフェがオープンしており、現在、20店舗で運営中または準備中である。他の店舗でも、さまざまなイベント等が行われ、評判も上々である。実証実験での手ごたえを感じたウエルシアHDでは、2017年2月末には、ウエルカフェを100店舗に拡大することを早々に決定した。新設店で先行し、既存店舗のレイアウト変更も含め、全国展開に向けて大きく舵を切っている。

　現在、ウエルカフェの運営に関する企画は、ウエルシア薬局で行っているが、基本的な機能は場の提供であり、本来は、住民による住民のための場づくりが望ましい。また、目標とする100店舗は通過点にすぎず、全国展開を視野に入れた場合、運営は、地元の市民・市民団体に委ねることが望ましいと考えている。運営に、市民・市民団体が深く関与するようになれば、ウエルシア側の負担も減る。市民・市民団体は、ウエルカフェ

図表3−22 ウエルカフェの運営体制図

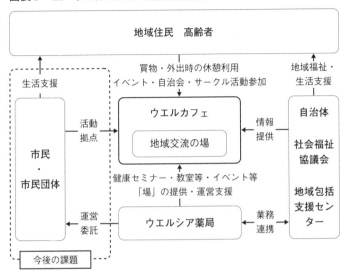

の運営によって知り合った高齢者の日常生活支援を行うきっかけにもなるし、ウエルカフェの場を活動拠点として利用することも可能である。このように、市民・市民団体が積極的に関与することによって、高齢者・自治体・ウエルシア・市民団体のそれぞれにとってメリットが生まれ、まさに一石四鳥のスキームが生まれることになる（図表3−22）。

(4) 持続可能な仕組みの確立に向けて

行政や自治体の施策や、研究機関・企業による地域包括ケアシステムと日常生活支援に対する取組みについて説明した。紹介した事例によるまでもなく、地域包括ケアシステム・日常生

活支援のスキームが円滑に進むためには、自治体・企業・市民団体が連携し、さまざまな事業主体が参画することによって成り立つ。そのためには、参加する三者が、それぞれの立場を理解すること、相互理解が必要である。

　介護予防・日常生活支援総合事業でも、その担い手として、ボランティアやNPOなどの市民団体の活躍があげられており、自治体も企業も、市民団体をいかに組織化するか、うまく使いこなすかが成否を分けるといってもよい。これからの高齢者施策の推進のカギを握るのは、市民や市民団体なのである。「産学連携」「産官学連携」等という言葉が使われるが、この連携の狭間に落ちる部分や不足する部分が必ず生じる。市民の「民」を加えた「産官学民連携」によって、その狭間を埋めていくことが必要となる。

　自治体・企業・市民団体の三者がうまく噛み合う要素を3点あげておきたい。

　1点目は、日常生活支援にせよ、成年後見制度の普及にせよ、地域の高齢者を取り巻く現状についての危機感である。他人を動かす想いとは、高邁な理想である必要はなく、それぞれの人にとっての原点となる体験である。地域包括ケアや認知症見守りネットワークがうまくワークしているとされる自治体では、危機感と熱い想いをもった自治体担当者の存在があるとされる。特に、自治体は、このようなネットワークの要のポジションに位置する存在であり、企業や市民団体からみれば、いかに自治体と連携するかがカギとなる。

2点目は、行政や自治体の発信する用語に、市民協働や地域連携といった言葉が並ぶが、「連携」とは、わかりやすくいえば、営業である。自ら当事者・参加者の立場に立って、足を運び、顔を売る泥臭い作業である。この地道な作業を怠れば、地域では信用される存在足りえない。自治体や企業の職員も、一市民としての目線・立場で参加することが地域連携のコツである。

　3点目は、スキームやネットワークの参加者は、それぞれ引き算の考え方をすべきである。すべて自分が主役で取り組もうとすると、必ずコンフリクトが起きる。適材適所、餅は餅屋の考え方で、参加することが肝要である。特に企業は、わが物顔で金儲け主義に走ると、ネットワークの他の参加者はすべて引いてしまう。ゲインシェアリング・プロフィットシェアリングの考え方を取り入れることが有効と思われる。

　このように、自治体、企業、市民団体の三者の特徴がうまく噛み合って、はじめて日常生活支援や地域包括ケアシステムがうまく機能すると考えられる。次章では、成年後見事業の担い手となる市民団体の役割や、取組事例について説明していきたい。

第 4 章

市民団体が取り組む成年後見事業

日常生活支援を身上監護の先取りと位置づけることによって、日常生活支援から成年後見まで、一連の活動としてとらえることになり、切れ目のない支援体制が構築できる。ここからは、日常生活支援から成年後見までの一連の機能提供を、一体となった事業ととらえ、成年後見事業と呼ぶことにする。本章と次章では、実際の事例を通して市民・市民団体が取り組む成年後見事業について説明していきたい。

1 成年後見事業の担い手

(1) 第三セクターの必要性

　第一セクター（国・自治体や公企業）、第二セクター（民間企業）以外の第三の法人という意味で、NPO法人等の非営利の市民団体を第三セクターと呼ぶことがある。第一セクターである自治体は、基本的にタテ割りと予算主義である。行政機関である以上、法律や条例にのっとった施策の遂行という制約がある。一方、第二セクターである企業は、経営効率化や短期的な収益至上主義と過剰管理の状態にある。特に長期的な観点での取組みや、確実な効果が見込める投資以外は、リスクをとることに消極的な態度に陥っている。どちらも、組織や機能の効率化を徹底した結果、必然的に現在のような状態になってしまったといえよう。行政や自治体、民間企業の活動だけで、超高齢社会が抱えるさまざまな問題を解決することはむずかしい。儲からない・手間がかかる・時間がかかる社会問題を解決する担い手たりうるのは、第三セクターである市民であり、組織化された市民団体である。

(2) 市民・市民団体の役割

　地域の高齢者問題について、積極的に解決すべき主体は、同じ地域の市民であると考えられる。地域で暮らしている以上、

働く場が別の地域にあっても、地域の問題解決を自治体任せにしないことが、成熟した市民社会をつくることにつながる。第3章で説明した、介護予防・日常生活支援総合事業でも、NPOや市民団体の参加が期待されている（第3章2(1)行政・自治体）。

　市民目線でface to faceに活動するのが、市民・市民団体である。市民・市民団体には、いくつかの特性がある。日々暮らしているからこそわかる問題に真っ先に気づくこと、市民目線に立った高齢者支援ができること、中立的な立場であること、多様な地域資源とつながりがあること、インターネットでは発見できない情報を知っていること、ボランタリー精神があること等である。しかし、まったく逆の考え方をする市民もいて、市民・市民団体は必ずしも一枚岩ではない。高齢者支援を志す市民・市民団体は、地域の問題を解決する主体として、身近にできることから着実に取り組んで、同じ市民やさまざまな地域資源からの信頼を勝ちうることによって、地域に根付いた組織に成長していくことが望まれる。

2 NPOさいたまの取組み

　本節では、日常生活支援・成年後見活動に取り組んでいる市民団体の事例を取り上げる。地域社会に確たる事業基盤も資金もない、まさにゼロからの出発で、5年間で10件の成年後見の受任をするまでに実績を残した仮認定NPO法人市民後見センターさいたまの足跡と活動内容を紹介したい。

(1) 成立ちと運営体制

設立から後見受任までの経緯

　NPOさいたまは、2011年に4月に設立された（図表4-1）。創立メンバーは、東京大学が2008年から7年間にわたって開催してきた市民後見人養成講座の受講者である。理事長を務める中田氏と井上氏は、ともに以前の勤務先の同僚で、東京大学の市民後見人養成講座の受講をきっかけに、市民団体を設立したという経緯がある。

　設立当初は、さいたま市を始め、さいたま市内の、社会福祉協議会、介護事業者等、さまざまな地域資源に普及啓発活動を行い、後見の受任を目指していたが、当時は、成年後見制度に対する関係者の知識や理解も乏しく、自治体や地域資源から相手にされていなかった。ところが、1件の法定後見の受任をきっかけに、周囲のみる目が一変することになった。それは、後見の適当な受任者を探してほしいという、埼玉県内のある福

図表4−1　NPOさいたまの法人概要

[プロフィール]
・法人名：仮認定特定非営利活動法人市民後見センターさいたま
・理事長：中田均
・住所：埼玉県さいたま市浦和区針ヶ谷4-7-33-2-106
・連絡先：TEL&FAX　048-789-6666
・E-mail：shiminkoukenstm@yahoo.co.jp
・HP：http://kouken-saitama.org/
・設立：2011年4月1日
・会員：正会員18名・賛助会員67名
・事業内容：成年後見の受任・相談／支援事業安心生活事業等

（2016年1月現在）

[埼玉県市民後見推進協議会]
情報共有・諸課題の検討の場
参加市民団体
・NPO法人市民後見かわぐち
・NPO法人市民後見センター
・NPO法人市民後見いきいきnet所沢
・NPO法人西入間あんしん市民後見人の会
・NPO法人埼玉後見センターいきいきネット
・NPO法人市民後見センターさいたま
・公益社団法人新座市シルバー人材センター　ほか

祉団体からの相談が、東京大学の市民後見研究実証プロジェクトを通じて持ち込まれたことから始まった。支援の対象者は、バイクの交通事故の後遺症から高次脳機能障害（記憶障害や注意障害、社会的行動障害等の特徴がある）を抱えている、埼玉県三郷市在住の38歳（当時）の男性である。すでに母親は他界

し、同居の父親も、やや認知症気味となっていたこともあり、父親が亡くなった後の息子の面倒をみてくれる人、特に長期にわたる後見ができる法人を探してほしいという相談内容だった。相談が持ち込まれた当初は、本人とのコミュニケーションをとることは簡単なことではないことや、活動エリアと考えていた、さいたま市からは少し遠くなることから、危ぶむ声もあったが、メンバーの1人が草加市に住んでいたこともあり、受任を目指して本人や父親とのコミュニケーションに努め、結果無事に補助人受任（補助監督人として司法書士法人が選任）にこぎ着けることができた。

この1件の受任から、自治体、社会福祉協議会、医師会、介

図表4－2　NPOさいたまのあゆみ

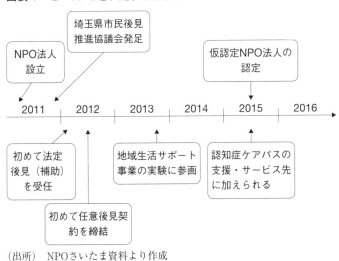

（出所）　NPOさいたま資料より作成

護事業者、福祉団体等との間で、積極的に情報交換が行われ、具体的な成年後見の相談を受けるようになった。これによって、現在までの着実な受任につながっている（図表4－2）。

組織体制

設立後、さまざまなスキルをもったメンバーが参集し、多種多様な課題に対するトータルソリューションの基盤ができあがった。ただし、参加人数が40名を超える大所帯になってきたため、適切なマネジメントの確保の観点から、コアに活動するメンバーを正会員とし、金銭的な支援を行う会員は賛助会員に分けることになった。メンバーの多くは、定年退職後のセカンドライフを送っているが、若年層も参加している。会員の平均年齢は60歳前後である。

担い手の運営体制は、基本的に1チーム3名体制を敷いており、実際の活動時は常時2名のペアで動いている（図表4－3）。複数人による活動に加え、マネジメントによる管理や、案件によっては、後見監督人による監督を受け、相互牽制体制には最大限気を配っている。また、すべての案件を自前で処理することは考えない。市民団体として後見活動を行う以上、士業専門職とは、win-winの関係を目指している。市民団体単独で扱うことがむずかしい案件については、補完し合うことが大切であると考えている。

現在まで、NPOさいたま専用の事務所はなく、さいたま市の市民活動拠点を利用している。今後の活動拡大に向けて、自

図表4－3　柔軟／迅速な後見活動サポート体制

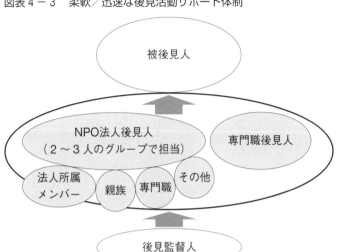

（出所）　NPOさいたま資料より作成

前の事務所を確保することが課題である。

事業方針

　NPOさいたまの活動エリアは、さいたま市内全域であるが、近隣の三郷市・草加市・上尾市なども対応している。事業の柱は、日常生活支援・成年後見（任意後見・法定後見）・死後事務受任の3つである。基本的には、日常生活支援から支援に入って、任意後見契約や死後事務委任契約につなげていくというビジネスモデルである（図表4－4）。

　支援の対象者は、高齢者と精神疾患の障害者を重点対象とす

図表4−4　事業の3本柱

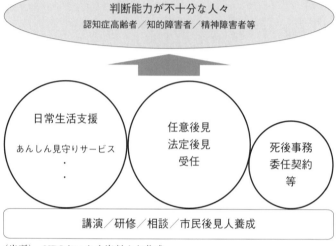

（出所）　NPOさいたま資料より作成

る。後見の受任案件では、親族も賛助会員となってもらうことで、親族を関与させることにしている。目指すべきは、死後事務なども含めた、市民目線によるトータルソリューションである。同じ市民として、高齢者や障害者の人生の伴走者足らんと心がけている。日常生活の困りごとについてトータルで受け止めて、親身に相談に乗り、問題解決に動く。メンバーもその道のプロフェッショナルを用意する。こういった活動を繰り返すことによって、高齢者に精神的な安心・安定を感じてもらうことができる。本質的に市民団体の仕事は、後見人になることではなく、高齢者に元気になってもらうことであると考えてい

る。実際に自身の悩みを吐き出してもらい、その問題が解決されると、高齢者は一様に元気を取り戻すケースを何度もみてきた。資産をもっている高齢者は、とかくお金を遺すことに意識を向けがちであるが、自分のためにお金を使ってほしいと訴えている。

NPO活動・後見活動には、リスクはつきものである。法人後見の場合、家庭裁判所は、財産的基礎の確認や、特に賠償保険の加入の有無について必ずチェックすることから、いざというときに備えて、NPO活動賠償保険に加入している。

支援の対象となる層

成年後見事業の発展を考えると、市民・市民団体が役割を担うべき対象層は、自助だけで十分な層と自助は期待できない層以外の、いわば中間層（中所得・中資産・親族なし）であると考えられる（図表4－5）。富裕層は、自助でさまざまな機能を確保することが期待できるし、貧困層は、福祉の観点から自治体が本来対応するべきだと考えられる。それ以外の中間層は、基本的に福祉よりも自助努力を期待できるマス層であることから、自治体よりも、市民団体が対応するべき層であると考えられる。どんな案件でも日常生活支援や後見の受任を行うわけではなく、身の丈にあった、受任可能な案件について責任をもって取り組んでいる。

図表4-5　市民団体のポジショニング

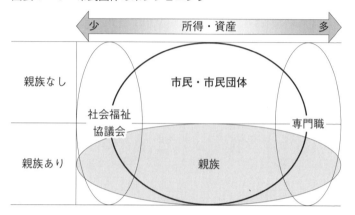

	親族	社会福祉協議会	市民・市民団体	専門職
親族	あり	なし＞あり	なし＞あり	なし・あり
所得・資産	中～高	低	中	高
後見形態	任意後見・法定後見	法定後見	任意後見・法定後見	任意後見・法定後見

(出所)　JLSA資料より作成

(2) 活動の状況

現在までの活動と受任・契約の状況

　展示会・講演会・セミナー等における普及啓蒙に努めるほかにも、介護施設・老人ホーム・地域包括支援センター・各種福祉施設等を訪問し、積極的に啓発活動を行っている。高齢者等からの相談は、電話や面談で随時行っている。また2013年には、さいたま市で市民後見人養成講座の開催も行った。

設立当初から、成年後見の受任に向けた活動を行ってきたが、後述する地域生活サポート事業の実証実験に参画して、事業化の手ごたえを得た。事業基盤確立の目的もあって、日常生活支援にも積極的に取り組んでいる（図表4－6、4－7）。

　設立以来の受任状況は、2015年末時点で、法人後見11件（うち4件終了）、任意後見契約3件（発効は1件）、現在抱える受

図表4－6　生活支援サービスメニュー

サービス内容			料金
生活サポート相談		見守り、成年後見、介護、相続、遺言、死後事務、葬儀などに関する相談	初回無料、2回目以降は5,000円／1回
生活サポートサービス ※詳細は図表4－7	トータルサービス	安心・見守り訪問サービス： －サポートスタッフの月3回（1時間程度）訪問・見守り等 24時間見守りサービス －専門スタッフの緊急時対応 タッチパネル端末付サービス －タッチパネル端末機器利用と操作サポート	月額1万円～1万5,000円
	スポットサービス	買い物付き添い・代行、通院・入院、外出・旅行付き添い、日常金銭管理、行政手続、整理収納等	時間単位で料金設定
成年後見サービス	法定後見申立て	法定後見申立申請書作成の支援	5万円～
	法定後見受任	法定後見人の受任	月額1万円～
	任意後見契約	任意後見契約書作成の支援	5万円～
法人向けサービス		依頼企業にかわってお客様の相談対応	別途相談

（出所）　NPOさいたま資料より作成

図表4－7　具体的な生活サポートサービス

サービス内容			料金
トータルサービス	安心・見守り訪問サービス	話し相手、買い物支援（代行・付き添い・注文サポート）、散歩・通院・金融機関付き添い、庭の草むしり、部屋の掃除、行政手続のサポート等	月額1万円
	24時間見守りサービス	室内のセンサー等により、専門スタッフが駆付対応	月額1万5,000円
	タッチパネル端末付サービス	タッチパネル端末機器の利用と操作サポート	月額1万5,000円
スポットサービス	買い物付き添い・代行	近所のスーパー等への買い物の付き添い・代行	1時間2,500円
	通院・入院	急な入院の手続、入院費の支払、通院付き添い	1時間2,500円
	外出・旅行付き添い	遠方への外出（墓参り、演劇鑑賞等）や旅行の付き添い ※提携先トラベルヘルパー会社にて対応	実費
	日常金銭管理	金融機関からの引出し、日常生活に必要な金銭管理	1時間2,500円
	行政手続	市役所等公共機関への書類の届出、郵便物整理支援	1時間2,500円
	整理収納	居室内の転倒防止家具や電気器具の配置 必要なモノを取り出しやすくする収納配置を実施	1時間5,000円～
	重要書類預り	証書・実印・通帳等を提携先業者にて管理	月額500円～
	公正証書遺言作成	公正証書遺言の作成支援	3万円～

（出所）　NPOさいたま資料より作成

任案件は5件となっている。また、相談中の案件は8件となっている。さらに、事業の大きな柱である、生活見守りサービス

は11件（現在では4件）を獲得している。

地域生活サポート事業への参画

2013年、東京大学市民後見研究実証プロジェクトから、地域生活サポート事業のモデル地域に打診され、NPOさいたまとして実証実験に参画することになった（図表4－8、4－9）。第1章で述べたように、公的給付である介護保険のサービスだけでは、高齢者等のさまざまなニーズに応えていくのはむずかしい。地域の市民団体が事業主体となって、高齢者等の生活を

図表4－8 「地域生活サポート事業」の事業推進体制

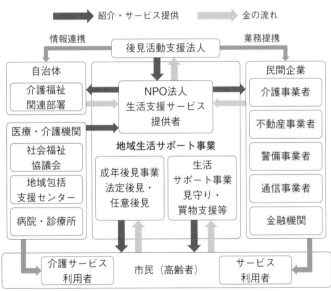

（出所） 経済産業省「後見機能実装型生活支援サービス創出支援事業」
（2013年度）より作成

図表4-9 地域生活サポート事業の枠組み

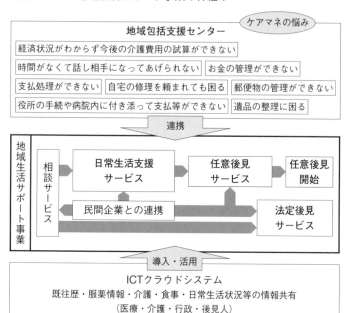

(出所) 経済産業省「後見機能実装型生活支援サービス創出支援事業」
(2013年度) より作成

広く支援するサービスを提供する体制構築を目指し、そのような収益事業モデルを開発し、全国各地に広めていくことができれば、市民団体にとっても大きな基盤強化につながる。この調査研究事業では、見守りや家事支援サービスを高齢者に提供する「生活サポート事業」と、成年後見制度を活用して認知症高齢者等の身上監護や財産管理等を支援する「成年後見事業」を組み合わせ、高齢者の日常生活をサポートする「地域生活サ

ポート事業」を、市民後見NPO法人等に実装させていく実証実験を行うことになった。

さいたま市内に在住（自宅および施設入居）の70歳以上の高齢者49名に対して訪問のうえ、ヒアリング調査を行った。あわせて、マスメディアへの広報活動、各種イベント開催、介護福祉関係機関へのサービス案内等のプロモーション活動を行ったところ、11件の利用相談を受け、3カ月間サービス試行を行った結果、2件の生活サポートサービス契約と、1件の法定後見の受任につながった。これによって、日常生活支援のニーズの確認と、収益事業モデル化の手ごたえを得られることとなった。

事例紹介

ここで、NPOさいたまが取り組んできた事例のなかから、成年後見事業に参考となる、日常生活サポートの事例と市民後見の事例を紹介する。

① 日常生活サポートの事例

支援の対象者は、軽度認知症の81歳（当時）の女性である。実姉は健在だが、夫・子どもとも他界し、一人暮らしが続いていた。収入や資産は相応に保有していたが、体力の低下や将来への不安から、自宅の階段の上り下りや、金銭管理等ができなくなってきており、地域包括センターを通じて、当法人に相談が寄せられた。

本人への説明の結果、NPOさいたまが提供する、安心・見

守り訪問サービス契約（図表4-7）を締結することとなった。いったん福祉施設に入所後、任意後見契約を締結（司法書士法人との共同受任）することになり、有料老人ホームに移り住んだ後は、遺言書の作成や終末医療の指示書の作成も行った。その後、判断能力の低下により、任意後見契約が発効している。

本人は、安心・見守り訪問サービス契約の締結後から、徐々に落ち着きを取り戻し、現在では、健康も回復、精神的にも安定がみられ、買い物等の生きがいも出てきている。また、認知症の判定基準、長谷川式スケールも18点から22点に改善する等、日常生活ばかりか、穏やかな老後人生の立て直しにつながっている。

② 市民後見の事例

支援の対象者は、統合失調症の50歳（当時）の女性である。6年前に父親が他界し、親族は兄のみで、一人暮らしの状況であった。父が亡くなった後の将来の生活の不安から、近隣の民生委員の紹介で、NPOさいたまが相談を受けることとなった。高齢者と異なり、精神疾患の特徴として30年は後見が必要と見込まれることや、本人の調子に波があることから、法人後見が必要であることと、身上監護が必須であるというニーズに応えることが決め手となり、兄が申立人、NPOさいたまが後見人候補者として、補助開始の審判を受けた。

160坪ある自宅不動産以外に預貯金もあったが、収支を試算してみたところ、このまま後見報酬を支払っていくと、30年後

には現預金の蓄えが枯渇することがわかった。兄が亡くなった後、どうやって本人の一人暮らしを支えていくかについて、知恵を絞ることになった。そこで、一生涯の安心・安全な生活を確保することを目的に、6LDKの自宅を24時間職員常駐型のグループホームに改装し、そこに本人が入居者として入ることを提案したところ、本人と兄の了承を得られた。

ちょうど、地元の福祉会がグループホームを探しているという情報を入手し、交渉の結果、建物はグループホームとしてリフォームし、運営を任せることが決まった。建物だけグループホームを運営する地元の福祉会に売却する一方、土地はそのまま本人が保有し、借地にして福祉会と30年間の賃貸借契約を締結し、地代で収入を補うというスキームを組み立てた（図表4－10）。

自宅の処分に該当するため、家庭裁判所に居住用不動産の処分の許可の申立てが必要であり、契約金額が入った建物売買契

図表4－10　ソリューション事例──生涯安心・安全な生活の確保

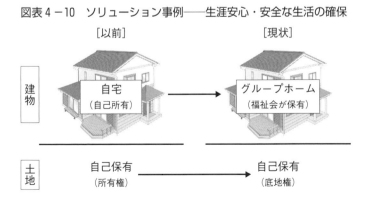

約書・土地賃貸借契約書を大手不動産会社の支援を得て作成し、家庭裁判所に申立てを行った。家庭裁判所の審判を受けた後、NPOさいたまが代理人になるかたちで、福祉会と直接契約を行った。2015年、グループホームの改装も終了し、本人も住み慣れた家で安心・安全かつ快適に暮らしている。

グループホームには、他の入居者も6名おり、その方々への後見ニーズの確認と後見人の提案を行っている。このように、県内の福祉会や家族会とのつながりも強くなり、その後も後見の相談が持ち込まれている。

(3) 今後の展望と将来の発展に向けた課題

ここまで着実に実績を積み重ねてきた結果、2015年には、さいたま市の認知症ケアパスに組み込まれることになった。また、このような活動は自治体にも認められ、市議会のなかで、成年後見の推進やNPOとの連携の重要性について積極的に取り組んでいくという保健福祉局長の発言を引き出すまでに至っている。

このようななか、設立から4年半で、仮認定NPO法人の認定を受けることができた。コンプライアンスの遵守、適切な組織運営、地域の高齢者や障害者等の日常生活の相談・支援、成年後見に実直に取り組んできたことが評価されたものといえる。今後は、よりいっそうの事業基盤の安定拡大を目指し、認定NPO法人の取得を目指している。

さらに、設立間もない頃から、県内の市民後見を推進する

NPO法人や社団法人と共同で、市民後見推進協議会を立ち上げ、情報共有やさまざまな課題について検討する場を設け、ヨコの連携を図っている（図表4－1）。オブザーバーとして、東京都・神奈川県の市民団体にも声を掛けてきた。将来的には、首都圏の市民団体のネットワーク化を目指したいと考えている。

　設立から5年が経過し、創立メンバーもそれぞれ年を重ねている。事業基盤の拡大も必要だが、次世代のコアメンバーの確保育成も大きな課題である。成年後見事業に取り組む市民団体は、現役世代というよりも、定年退職後の世代が中心となりがちである。ここまでの事業基盤の確保安定に至るまで大きな苦労があったが、その基盤を維持拡大し、引き継いでいくという課題が待ち受ける。

3 プラットフォームの提供

(1) 全体最適に必要な機能——接着剤

　日常生活支援の推進は、自治体単独でも、民間企業だけでもむずかしい。行政や自治体が用意する福祉サービスや、民間企業が提供する商品やサービスが、どんなに優れたものであっても、本人が情報収集能力に優れ、適切な判断と選択の能力をもち、自己決定できなければ、宝の持ち腐れとなってしまう。判断能力をもった大人ですら、十分にその機能を発揮できないケースが多いのであるから、心身の状態や判断能力に不安を感じ始めた高齢者は、さらにむずかしくなる。そこで、本人の信頼を勝ち得た、担い手となる人や組織が必要となる。ただし担い手として期待される市民・市民団体も、さまざまな制約条件や問題点を抱えており、参加構成員だけで地域に根付いた活動を行うのは容易なことではない。

　医療や介護にせよ、市民活動にせよ、個々の事案で立派に職責を果たしている人や組織がある。点の動きを線から面へ、社会全体に波及させることが大きな課題である。個々の事案や、特定の地域での成功事例を取り上げて評価するだけでは、社会の全体最適にはつながっていかない。自治体は、大概の場合、他の自治体での成功事例に対して冷静である。国や厚生労働省が示す新たな施策に対して、自治体は消化不良に陥っているよ

うにも感じられる。本質的な問題に立ち返り、制度や施策を棚卸しして消化を助ける機能、全国横断的に、行政・自治体、企業、担い手三者それぞれの声を通訳してつなぐ機能、いわば接着剤のような機能を提供する組織が必要と考える。

(2) 全国地域生活支援機構

組織の概要

2015年6月、行政・自治体、企業、市民団体の三者をつなぐ機能提供を目的として設立されたのが、一般社団法人全国地域生活支援機構（略称JLSA）である。

① 日常生活支援から成年後見制度まで

心身に不安を感じ始めた高齢者の生活支援を行うことは、介護予防、医療・介護の連携、財産管理保全、相続承継、ターミナルケアに至るまで「切れ目のないサポート」の実現につながるとともに、あるべき成年後見制度の姿をみることができる。JLSAは、「日常生活支援から成年後見まで」ワンストップでのトータルライフサポートの実現を目指している。

② ネットワークのハブ

行政・自治体、企業、市民団体の三者のネットワークが必要であることは、繰り返し説明されてきたが、構築運営機能が欠けていたことは否めない。ネットワークを「絵に描いた餅」にしないためには、三者の間に立って、汗をかく機能が必要である。JLSAは、行政・自治体、企業、市民団体の「ネットワークのハブ」となり、汗かき役となることを自認している。

③　プラットフォーム

「市民による市民のための生活支援」を実現するには、参加者が市民活動を楽しむことが前提となる。市民活動を長続きさせるには、タテ型組織の町会や自治会ではなく、ヨコ型組織の市民団体が望ましい。組織や団体を立ち上げても、うまくワークしないのでは意味がない。自治体・地域資源・企業等への営業機能のサポートや、管理機能のアウトソーシングが必要である。JLSAは、ボランタリー精神に溢れた市民・市民団体の活動をサポートする「プラットフォーム」の提供を目指している（図表4－11）。

図表4－11　JLSAの役割

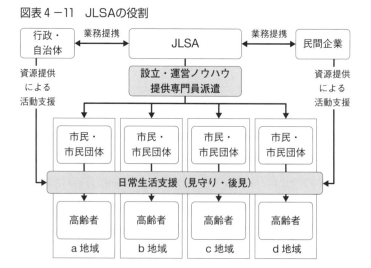

事業の概要

　JLSAの事業は、大きく6つの分野に分かれている（図表4-12）。実際に担い手として活動する市民・市民団体の設立運営支援を行い、協働するのがJLSAの役割である。

　事業の中核は、日常生活支援と、地域包括ケアシステムの構築である。JLSAは市民・市民団体と協働で、高齢者や障害者が抱える日常生活ニーズの解決から地域に入っていく。地域のたまり場の運営を引き受け、地域資源に顔を売り、イベントに参加し、気軽に声をかけてもらえる存在を目指す。空き家の活用や商店街のリノベーション等の街づくりにも参加する。相続承継ニーズに対しては、JLSAは専門職や金融機関との連携を

図表4-12　JLSAの事業相関図

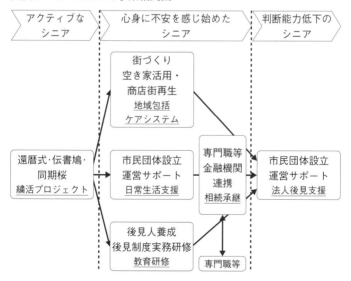

想定している。

　後見の受任案件が出てきた場合には、法人後見の支援を行う。市民団体による法人後見では、適切かつ円滑に後見事務を遂行できる体制整備と、それを家庭裁判所に認めてもらうことが必要である。JLSAでは、成年後見に関する有識者とのネットワークを確保しており、指導助言機能を発揮する。

　成年後見制度利用促進法が成立したところ、後見の担い手養成も急務となるが、成年後見制度は、生涯学習の一環としてとらえることも可能である。JLSAでは、教育研修の観点から、地域の社会福祉協議会や大学等と協働で、成年後見に関する講座の運営支援を考えている。

　「現代版隠居」では、繍活が重要なポイントである。JLSAでは、還暦式（イベントによるきっかけづくり）・伝書鳩（事前の自己決定）・同期桜（地域社会貢献）の３つのコンテンツをパッケージ化した繍活プロジェクトの導入支援を、自治体に提案中である。

　このほか、JLSAでは、CSRの観点から、企業に対する社会的インパクト投資のサポートや、高齢者支援との組合せによる子育て女性の活動支援・ダブルケア支援など、さまざまな社会問題のソリューションにも取り組んでいる。

第5章

金融機関の成年後見事業への取組み

1 金融機関への示唆

(1) 判断能力低下時期の顧客保護

現在、金融機関との取引のなかで、成年後見人との取引ルール(成年後見制度に関する事務手続等)は、全国銀行協会が方針やひな型等を示していることもあり、ある程度は行内ルールとして定着していると思われる。それ以外の健常な成人顧客との取引は、通常の事務手続にのっとって行われる。ところが、成年後見人はついていないが、十分に判断能力があるかどうか疑わしい、判断能力が減退していると考えられる顧客との明確な取引ルールがない(図表5-1)。

図表5-1 判断能力が減退している顧客との対応ルールが必要

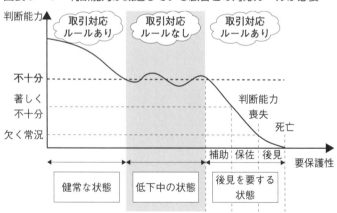

日本証券業協会が定めた「高齢顧客への勧誘による販売に係るガイドライン」は、一定年齢以上の高齢者向け取引ルールであるが、ルールの趣旨を拡張し、預金や貸出など広く取引全般をカバーするルールやマニュアルをもっていない金融機関が大多数であろう。

　序章で述べたとおり、判断能力を明確に数値化することはできないうえ、能力を正確に見極めることは容易ではない。能力の低下を認めたがらない高齢者も多い。判断能力の低下がみられる高齢者との取引ルールを作成することは容易ではないが、判断能力低下状態にある高齢者との取引方針を明確にすることや、認知症高齢者に対する理解や接遇対応のあり方等につい

図表5-2　判断能力の低下とともにビジネス機会が逸失

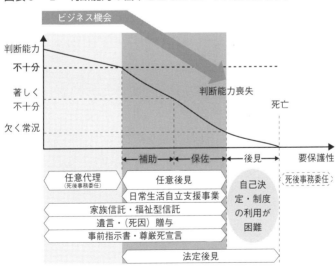

て、職員を教育訓練することは、顧客保護につながる重要な取組みである。

　顧客が、判断能力が十分ある間に、「現代版隠居」に取り組むことは、顧客が望む老後の生活が得られると同時に、金融機関の相続・承継ビジネスに直結する。しかし、判断能力の低下が進むにつれ、顧客の選択肢は狭まり、金融機関のビジネス機会も減少していく（図表5-2）。本人が元気なうちから、本人の信頼を得て、本人が抱える問題・課題に対するソリューションを提供することが、相続・承継ビジネスの鉄則である。

(2) エンディングノートのポテンシャル

　終活やエンディングノートの認知度が高まっている。60代以上の男女2,000名に対して行われた、リサーチバンク（㈱ライフメディアの運営サイト）のインターネット調査によれば、終活の認知度は、約9割にも達し、取組みの必要性を感じている高齢者も半数近くいる（図表5-3）。一方、エンディングノートの認知度は、約9割に達するものの、エンディングノートを書いている人は1割にも満たない（図表5-4）。エンディングノートをきっかけに、自身の老後生活の問題について取り組むきっかけになる可能性が高いだけに残念な結果である。

　その点、第3章で紹介したマイケアプランの「マイライフプランの玉手箱」のような使い方は参考になる。ケアプラン作成の支援ツールでありながら、エンディングノートにもなっている。介護が始まった時、自分らしい暮らしを送るためのヒント

図表5-3 終活の認知度と必要性の認識

Q1 あなたは、「終活」という言葉を知っていますか？
※単一回答／60歳以上の全国男女（n＝2,000人）

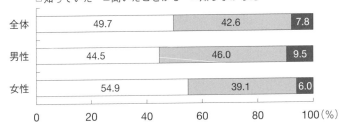

Q2 あなたは「終活」が必要だと思いますか？
※単一回答／60歳以上の全国男女（n＝2,000人）

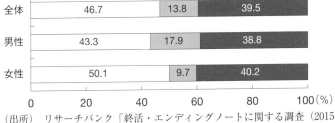

(出所) リサーチバンク「終活・エンディングノートに関する調査（2015年）」より作成

が詰まっており、すべての支援者にとっては、本人を知る大切な手がかりとなる。

また、エンディングノートという名称は、人生の終末を連想させ、心理的な抵抗感も生む。介護を始め、天国への旅立ちまでに起こりうるライフイベントのためにずっと使い続けるツー

図表5−4 エンディングノートの認知度と普及度

Q3 あなたは、「エンディングノート」を知っていますか?
※単一回答／60歳以上の全国男女(n=2,000人)

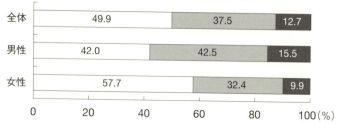

Q4 あなたはエンディングノートを書いていますか?
※単一回答／60歳以上の全国男女(n=2,000人)

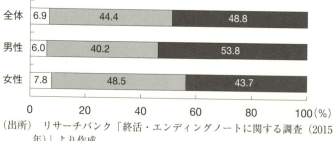

(出所) リサーチバンク「終活・エンディングノートに関する調査(2015年)」より作成

ルと考えると、ネバーエンディングノートである。また、常時携帯・記録し、ケアマネージャーや家族との間の情報交換に利用するツールであり、遺族や大切な友人に渡す引継ツールと考えると、エバー&フォーエバーノートと表現することもできる。

エンディングノートは、人生のよりよい終末のための情報整理帳と考えられているが、実はもっと大きな役割を担う、大きなポテンシャルがある。特に、記録された内容は、遺言書の予習・下書きになる点でも重要性が高い。遺言書は、慣れていないと、なかなか簡単には書けないものである。そもそも財産目録をつくることが大変な資産家もいる。生命に関する事項、医療同意や事前指示、尊厳死宣言等についても同様である。ただし、これらの内容は、意思表示としての手続に進まない限り、法律上の効果がない点で注意が必要である。

　エンディングノートへの記載事項の回答でもみられるとおり、家族への感謝の言葉と並んで大きな関心があるのが、葬儀やお墓のことである（図表5－5）。死後のことは、決して自分で指示することができないし、家族に面倒をかけたくない気持ちもあってか（図表5－6）、関心をもつ高齢者は多い。葬儀やお墓に関する事項は、ノートの最後のほうのページにある。エンディングノートは最初から書き始めると、中途で挫折してしまうことが多い。必要な個所から書き始める、むしろ最後から書いていくことがコツである。

　市販のエンディングノートをみると、本当に自分自身が書かなければならない部分は限られている。正確な情報さえあれば、だれが書いても同じページが少なくない。そう考えると、エンディングノートの作成に必要な情報収集を行う、内容を口述筆記する、作成代行する、さらにこれからの残りの人生のなかでやってみたいという希望を叶える等の代行業務、すなわち

図表5-5　エンディングノートの内容

Q5　エンディングノートにはどのようなことを書いている・書きたいと思っていますか？

※複数回答／エンディングノートを書いている・書いてみたいと答えた人（n＝1,025人）

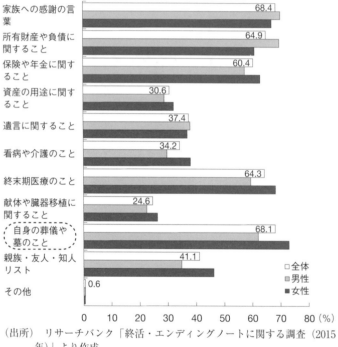

（出所）　リサーチバンク「終活・エンディングノートに関する調査（2015年）」より作成

エンディングプランナーという業務は、今後有望なビジネス領域と考えられる。

図表5－6　エンディングノートの動機

Q6　なぜエンディングノートを書こうと思ったのですか？
※複数回答／エンディングノートを書いている・書いてみたいと答えた人
　（n＝1,025人）

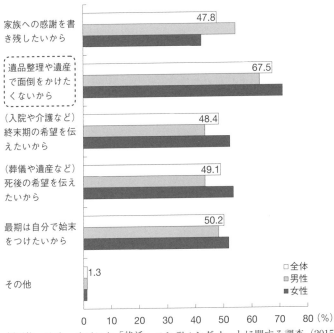

(出所)　リサーチバンク「終活・エンディングノートに関する調査（2015年）」より作成

(3)　地域包括ケアの実践

　相続遺言セミナー等を開催し、潜在的なニーズをもつ出席者にアプローチを行うというのは、古くから行われている。しかし、それだけでは、日常生活支援や成年後見を必要としている

高齢者にアウトリーチすることはできない。金融機関も、地域の見守りネットワーク等に参加し、支援や保護を必要とする顧客を地域資源に連携すると同時に、他のネットワーク参加者から、金融機関が支援できる高齢者の紹介を受けることも考えられる。第3章で紹介した、地元生活者の要望を素直に受け入れ、生活者からの評価を受けたウエルカフェの事例をあげるまでもなく、地域密着の金融機関であれば、多数の高齢者や事業者との取引を抱え、見守りネットワークへの参加や、事業者との協働等は、潜在的に十分可能な状態にある。地域のネットワークの運営にコミットし、積極的に活動するためのリソースを確保することが成年後見事業に取り組む金融機関の課題である。

(4) 個人情報の重要性

高齢者の支援者にとっては、本人をよく知る・理解することが支援の出発点である。本人理解のための情報入手は、医療や介護、福祉等の関係者にとっても重要な問題である。情報には、基本的な属性情報以外に、生活環境・身体・病歴等、医療・介護関係者にとって重要な情報もあれば、過去の人生歴・趣味・嗜好・意思決定支援等、ケアマネジメントにとって重要な情報もある（図表5－7）。特にケアマネジメントにとって重要な情報は、金融機関にとっても重要なCRM情報となろう。

成年後見事業を展開していくと、多くの個人情報に触れる機会がふえる。特に、後見実務は、機微情報を含む個人情報の宝

図表5－7　認知症ケアマネジメントに必要な情報

カテゴリー		情報	利用主体
基本情報		氏名、性別、生年月日、住所・電話、婚歴、緊急連絡先	医療介護
家族や家庭環境		キーパーソン、家族や親族の情報、経済的状況、家屋・住居周辺情報　ほか	
身体の状態		病気、服薬状況、身体所見、要介護認定、日常生活自立度、生活動作、血圧等、頭部画像検査、認知症機能検査等　ほか	
認知症		認知症の原因疾患、認知機能の程度、行動心理症状　ほか	
医療機関		かかりつけ医、認知症専門医、その他の医療機関、薬局　ほか	
生活支援や介護サービス		地域包括支援センター、民生委員、ケアマネージャー、介護サービス利用状況、介護事業者、福祉機器の利用、成年後見制度の利用　ほか	
生活歴・人生歴		出身地、人生史・生活歴、交友関係、仕事関係、幼少期、学生時代	ケアマネジメント
本人の個別性	生活のようすや趣味・嗜好等の事実	趣味・好み・習慣・こだわり（食事、テレビ番組、歌や歌手、好きなことや楽しみ、特技、日課、おしゃれ等） 性格、人間関係（好きな人・仲良し、頼りにしている人、会いたい人） 日中の過ごし方や生活リズム、暮らしの出来事、家庭・社会での役割、地域住民等とのつながり　ほか	
	本人の意思決定支援	将来の暮らしたい場所や生活への希望、将来の医療や生活支援に関する希望、将来意思が伝えられなくなったときに相談してほしい人、将来食べられない状況になったときの希望	

（出所）　一般社団法人財形福祉協会「認知症ケアパスを適切に機能させるための調査研究事業検討委員会報告書」より作成

庫である。したがって、個人情報管理に対して、いたずらに過剰反応しているだけではすまされない。顧客や地域住民の保護という大きな目的に対して、適切な管理を行い、入手した個人情報を積極的に本人保護に活かすという発想に切り替える必要がある。

　認知症の増加に伴い、高齢者が適切に自身の個人情報を管理することは期待しづらい状況がふえていくと考えられる。本人自身による管理がむずかしいのであれば、むしろ、正当な権限をもった支援者や後見人等が、本人による個人情報管理を支援・代替するほうが、適切な本人保護の実現に資するとも考えられる。

2 東京都品川区の5信用金庫としんきん成年後見サポート

　本節と次節では、日常生活支援や成年後見に取り組む金融機関、さわやか信用金庫や城南信用金庫等5つの信用金庫の取組事例と、西武信用金庫の取組事例を紹介する。金融機関は、財産管理については本業そのものであるし、個人顧客との豊富な対人折衝経験等にかんがみれば、金融機関の営業担当者は、後見実務の担い手として打ってつけの人材であると考えられる。また、金融機関は、振り込め詐欺等の財産被害防止等の観点からも、高齢者の財産管理に関して、社会全体から大きな期待を寄せられていると考えられる。

　最初の紹介事例は、さわやか信用金庫と城南信用金庫を中心とする東京都品川区内に店舗を置く5つの信用金庫と一般社団法人しんきん成年後見サポート（SKサポート）の取組みである。SKサポートは、金融機関が成年後見事業を行う法人として、全国で先頭を切って設立された。

(1) 背景・問題意識

金融機関の問題意識

　SKサポートの設立のきっかけをつくった、さわやか信用金庫は、東京都港区に本店を構え、都内城南地区をエリアとする信用金庫であり、城南信用金庫は、東京都品川区に本店を構え、都内城南地区や神奈川県をエリアとする、日本屈指の信用

金庫である。

　以前、地元の顧客から、「高齢者の財産管理などは、信金さんにやってもらえればありがたい」などの声を聞くことがあった。信用金庫は、もともと助け合い・思いやりという相互扶助の理念を出発点として成長してきた業界であり、超高齢社会が抱える諸問題に対して積極的に取り組む必要性や重要性を感じていた。金融機関の人材、特に地域に密着した営業活動を展開してきた信用金庫の営業員は適任である。判断能力が低下した高齢者等の身上監護や財産管理を行う成年後見は、信用金庫が取り組むのに相応しいとの認識であった。

　シミュレーションを行った結果、単に成年後見を受任するだけでは、収益事業として続けていくことはむずかしいとわかった。当初は、専門職がつくる団体との提携も検討したが、対象として考える高齢者のプロファイルやセグメントにだいぶ開きがあることを感じた。地元の困っている高齢者を支援するには、提携ではむずかしいと判断し、ボランティア団体による課題解決を考えていた。

設立のきっかけと経緯

　SKサポートの活動本拠地である品川区と品川区社会福祉協議会は、2013年にさわやか信用金庫と、2014年には城南信用金庫と、それぞれ見守り協定を締結し、自宅訪問時に異変があった場合には品川区に通報をする等、高齢者の孤立化を防止する見守り活動を行っていた。

そこへ、品川区社会福祉協議会の会長で、さわやか信用金庫の名誉顧問でもあった故石井傳一郎氏から、城南信用金庫の吉原理事長（当時）のもとへ相談があり、成年後見事業に関する問題意識の共有が図れたことから、共同で新たに法人を設立することになった。品川区に店舗をもつ他の信用金庫にも声をかけ、芝信用金庫（本店：港区）、目黒信用金庫（本店：目黒区）、湘南信用金庫（本店：横須賀市）が合流し、5信用金庫合同で成年後見事業を行う法人設立に向けて、品川区社会福祉協議会との相談・協議に入ることになった。品川区社会福祉協議会は、後見ニーズに対する担い手不足もあり、全面的に協力することになった。

2014年秋にかけて、それぞれの信用金庫内で、正式に法人の新規設立を決定した。同年10月には、設立準備委員会を立ち上げ、品川区社会福祉協議会との協議を重ねた結果、2015年1月に法人設立の運びとなった。正式に意思決定後の準備期間は、およそ5～6カ月。法人の形態は、早期の事業開始の観点からNPO法人ではなく、一般社団法人が選択された。

(2) 活動の状況

プロフィール・業務運営体制

SKサポートのプロフィールや業務運営体制は、図表5－8に示すとおりである。法人の円滑かつ適正な運営のため、組織内に、後見実務に精通した第三者や有識者をメンバーとする業務管理委員会を設置し、適切な指導助言を仰ぐ体制を整えてい

図表5−8　SKサポートの法人概要

［プロフィール］
・法人名：一般社団法人しんきん成年後見サポート
・理事長：吉原毅
・住所：東京都品川区西五反田7−2−3
・連絡先：TEL　03-3493-8147
　　　　　FAX　03-3492-2088
・HP：http://www.shinkin-kouken.jp/
・設立：2015年1月21日
・会員：正会員5名・賛助会員251名
・事業内容：成年後見の受任・普及啓発／各種相談・生活支援等

(2016年3月現在)

［現状の業務運営体制］

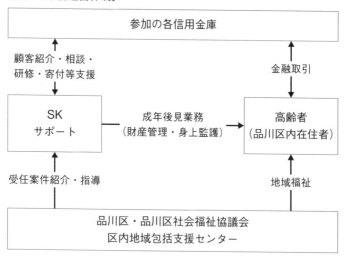

る点が特徴である。委員会では、特定の受任案件についての業務執行の適切性等の検討を行っている。また、SKサポートと信用金庫との間の連絡調整の場として、SKサポート推進委員会を開催している。事務所は、城南信用金庫の厚意もあって、城南信用金庫の11Fのフロアーの一角を事務所として間借りしている。

SKサポートの指導助言を行っている品川区社会福祉協議会は、2002年6月から品川成年後見センターを設置し、これまで300人を超える高齢者や障害者への法人後見を行ってきた、日本でトップクラスの成年後見推進受任団体である。区内にめぐらされた見守り網でキャッチされた情報は、品川区等に寄せられ、品川成年後見センターで開催されるケース会議等によって、適切な後見の担い手がアサインされる。品川モデルとでも呼ぶべき成年後見の推進運営体制は、現状では最も先進的な成年後見の推進体制を確保している。

SKサポートで活動を行うメンバーは、5信用金庫のOB・OGを中心にそれぞれ募集したなかから選ばれた。品川区社会福祉協議会では、品川区と共催で、定期的に品川区市民後見人養成講座を開催しており、募集で集まったメンバーは全員、当該講座を受講し、成年後見制度に関する知識習得を行った。

実際に活動するスタッフは、理事長を含め、現状18名。うち管理業務を担当するスタッフは7名、後見を担当するスタッフは10名である。管理業務担当スタッフは、城南信用金庫からの4名の出向者のほか、法律・福祉行政経験者等、成年後見制度

の実務に詳しい人材を受け入れている。後見担当スタッフは、すべて5つの信用金庫のOB・OGを中心とした信用金庫関係者である。

10名の後見担当スタッフは、男女ペアの2名で活動し、現在8名の被後見人等の後見実務を担当している。管理担当スタッフが後見実務のマネジメントを行っており、適切な業務運営体制の確保を敷いている。後見担当スタッフは、本人を訪問してきた折は、当日中に報告書を作成している。預り物がある場合には、事務所内の、管理者のみが開閉できる防火金庫で保管を行っている。天災事変や盗難等のさまざまなリスクに対してきわめて厳格な管理ができるところが、金融機関が支援する団体ならではの特徴・強みである。

法人の立上げ資金や、人件費や経費等の運営に必要な資金は、正会員である信用金庫からの寄付および会員からの会費によってまかなわれている。開業してすぐには安定した後見報酬が得られないため、人件費等についても信用金庫から一定の支援を受けている。

事業方針・活動エリア・目標等

主たる事業内容は、成年後見制度に対する普及啓発（勉強会・セミナー開催等）や、法人後見の受任のほか、遺言の執行や家族信託預金の相談等である。城南信用金庫では、2014年9月から、高齢者向け総合サポートサービス「いつでも安心サポート」（図表5－9）の取扱いを行っているが、SKサポート

図表5-9　城南信用金庫の提供サービスとSKサポートの役割

サービス名	サービス概要	SKサポートの役割
① 現金お届け	預金を引出しに行けない⇒毎月1回自宅に現金を持参	－
② 指定振込み	入院費用を振り込んでほしい⇒突発的な振込ニーズに対応	－
③ 代理人支払	手続を他の人に頼みたい⇒代理人による手続円滑化	－
④ 見守り定期積金	毎月見守りに来てほしい⇒集金時の見守り	－
⑤ リバースモーゲージ	多額な資金が必要⇒自宅を担保に必要な資金を融資	－
⑥ いつでも安心口座	相続預金が払い出せない⇒相続発生時に指定者に迅速に払出し	－
⑦ 暦年贈与預金	非課税枠内で財産を贈与⇒暦年贈与の手続支援	－
⑧ 家族信託預金	財産を円滑に引き渡したい⇒民事信託の手続支援	専門職取次・助言
⑨ 城南遺言お預り	遺言書の保管が心配⇒公正証書遺言の預り保管	－
⑩ 「公正証書遺言作成お手伝い」紹介	遺言書をつくりたい⇒専門職紹介等による作成手続支援 関連法人（注）で証人引受け等	－
⑪ 「遺言執行」紹介	遺言の執行は確実にしたい⇒遺言執行人の紹介	遺言執行業務
⑫ 「任意後見制度」紹介	将来の財産管理が心配⇒任意後見契約受任者の紹介	任意後見受任業務

(注)　一般社団法人しんきん安心サポート。
(出所)　城南信用金庫「いつでも安心サポート」パンフレットより作成

では、そのうち「⑧　家族信託預金」「⑪　遺言執行」と「⑫　任意後見制度」の3つのサービスの受託を担当している。「いつでも安心サポート」は、現金お届けや、見守り付きの定期積

金のほか、家族信託預金等12のサービスメニューを用意しており、他の4信用金庫に対してもノウハウの提供が行われている。

品川区では、品川区社会福祉協議会による成年後見推進体制が整備されていることから、SKサポートは、開業初年度は、品川区長申立案件の受任を行い、後見事務の実績を積み重ねてきた。活動エリアも、品川区在住者の後見活動に集中している。初年度の受任目標件数は、法定後見の受任10件であった。

活動状況・実績

現状の活動は、大きく、普及啓発・研修と後見の受任である。普及啓発や研修では、スタッフが交代で講師を務めている。

地域貢献活動の1つの柱は、普及啓発である。これまで品川区内の高齢者クラブや福祉関連センターの場で、成年後見制度の説明会を5回開催した（いずれも無償）。今後も地域社会の一員として力を入れていく。地域貢献活動のもう1つの柱は、5信用金庫の職員を対象にした成年後見制度に関する研修等の受託である。これまで、5信用金庫に対して、30回以上の勉強会を開催している。さらに、後見担当者の養成も図っており、品川成年後見センターとタイアップしながら、これまでに3回の養成研修を行った。

後見の受任は、すべて品川区長申立案件の受任で、2016年3月末時点で、準備中を含め10件（後見類型7件、保佐類型1件、

準備中2件）の実績となった（すべて品川区社会福祉協議会が監督人に選任されている）。なお、区長申立案件ということもあり、受任した本人はすべて5信用金庫の顧客というわけではない。

(3) 今後の展望と課題

当面の計画・目標

初年度は、法定後見の受任件数10件を目標としてきたが、すでに8件の実績をあげることができた。準備中の案件も2件あり、早期に10件の大台をクリアできる見通しである。

2年目は、初年度並みの受任目標を掲げている。いままでは、品川成年後見センターから依頼を受けた、区長申立案件の受任を行ってきたが、信用金庫の営業店からの紹介等を通じて、親族の申立案件の受任も行っていきたいと考えている。また、これまでは法定後見の受任だけであったが、できれば任意後見契約の締結を目指している。活動エリアも、品川区中心であったが、近隣の大田区、目黒区、世田谷区、港区、神奈川県にも順次拡大していきたいと考えている。

将来の展望と課題

これまで受任を行ってきた高齢者は、親族がいない、親族の協力を期待できない、といった区長申立案件が中心であった。実績を積む意味でも大切なことではあるが、法人としての経営の安定化を考えると、今後は、親族申立案件や、富裕層レベル

の案件も手がけていきたいと考えている。また、後見活動に慣れてきたこともあり、信用金庫との連携強化を図り、任意後見契約の締結の推進も図っていきたいと考えている。

信用金庫からみた評価と展望

　成年後見事業に取り組む信用金庫のメリットには、顧客の財産の散逸防止、さまざまな民事信託の提供、不動産に関する相談などがあげられる。城南信用金庫で提供している「いつでも安心サポート」サービスを中心に、成年後見の周辺業務の充実を図ることで、成年後見制度の利用を含むトータルなソリューション提供を目指している。「いつでも安心サポート」サービスは、城南信用金庫のサービスであるが、他の4信用金庫に対してもノウハウ提供を行っている。「明日はわが身」と思って取り組むことが、さまざまなサービスのラインアップにつながる。信用金庫としてまだ確たる実績にはつながっていないが、高齢者が抱える諸問題に、人的支援から入っていくことで大きな手ごたえを感じている。

　一定以上の財産もあり、親族がいるにもかかわらず、身元保証人がいないということで、希望する施設に入れないという高齢者の相談を受けたことがある。最近は、必ずしも親族があてにならなくなってきた。高齢者は相談相手を探しているという印象を受ける。

　高齢の富裕層の取込施策として、成年後見事業は非常に有効であると感じている。比較的富裕な高齢顧客に対して成年後見

制度の説明会を行った時も反応がよかった。遺言も大切だが、その前の段階での資産の保全管理や税金対策等の話題には反応のよさを感じる。この事業の延長線には、たとえば高齢者向けのエンターテインメント事業のようなものも考えられる。かなり有望な事業分野だと理解しており、今後も推進していきたいと考える。

　ここまでの活動が順調に進んだのは、目先の利益だけを考えるのではなく、社会貢献を方針に掲げ、地道に地元の高齢者等の見守り活動を行ってきた土台があるからだと考えている。そういう活動のなかから、高齢者を外側から見守っているだけでは十分ではない、積極的にアウトリーチしていかなければ問題が解決しないという想いや問題意識が、現在の活動につながっている。

3 西武信用金庫と市民後見サポートセンター和

　次の紹介事例は、西武信用金庫とNPO法人市民後見サポートセンター和（なごみ）の取組みである。NPOなごみは、SKサポートに続き、金融機関の成年後見事業の事例としては2番目となるが、NPO法人としての設立、また単独の金融機関の取組みとしては、初めての事例となる。

(1) 背景・問題意識

金融機関の問題意識

　西武信用金庫は、東京都中野区に本店を構え、都心や中野から多摩地域にかけてのエリアを地盤とする都内でも有数の信用金庫である。地元の預金者の高齢化が進み、高齢者比率は預金残高の6割を占めるに至っている。営業店の現場では、認知症、介護、相続遺言等、高齢顧客が困っている課題に対して、前向きに取り組んできた。昨今では、成年後見人との取引も増えており、2011年度からは、東京大学市民後見研究実証プロジェクトが主催した市民後見人養成講座に対しても積極的にサポートを行うとともに、毎年職員とOB・OGを2名受講させる等、職員への人材教育にも努めてきた。

設立のきっかけと経緯

　2013年より、成年後見制度に対する取組みを強化すべく、日

常生活支援や成年後見の事業化の検討を行ってきた。2014年には、活動支援していた東京大学市民後見研究実証プロジェクトの担当者と検討を開始し、信用金庫から独立した市民団体の新規設立に向けて動き出した。

　2014年7月、西武信用金庫において、NPO法人の新規設立支援を決定した。10月から設立準備チームを立ち上げ、金庫内で協議の結果、2015年5月に法人設立の運びとなった。正式意思決定後の準備期間は、およそ6カ月である。法人の形態は、非営利性追求の観点から一般社団法人ではなく、NPO法人が選択された。

(2) 活動の状況

プロフィール・業務運営体制

　NPOなごみのプロフィールや業務運営体制は、図表5－10に示すとおりである。全体の組織体制等は、一般のNPO法人と大差はない。第三者による監督機能は設けていないが、事業推進と法人の円滑かつ適正な運営のため、成年後見実務に精通した有識者を会員に加え、適切な指導助言を受けられる体制を整えている。事務所は、西武信用金庫の厚意もあって、荻窪支店ビル3Fにある、設立間もないNPO法人向けのオフィススペース1室を借りている。

　NPOなごみで活動を行うメンバーの多くは、西武信用金庫のOB・OG会である「西武むつみ会」の在籍者である。もともと、西武信用金庫が東京大学の市民後見人養成講座をサポート

図表5−10　NPOなごみの法人概要

［プロフィール］
- 法人名：特定非営利活動法人市民後見サポートセンター和（なごみ）
- 理事長：堀野一雄
- 事務所：東京都杉並区荻窪5-28-16西武コミュニティオフィス306
- 連絡先：TEL　03-6383-5192
　　　　　FAX　03-6383-5194
- E-mail：shiminkouken-nagomi@ace.ocn.ne.jp
- 設立：2015年5月7日
- 会員：正会員11名・賛助会員0名
- 事業内容：成年後見の受任・普及啓発／各種相談・生活支援等

（2016年3月現在）

［現状の業務運営体制］

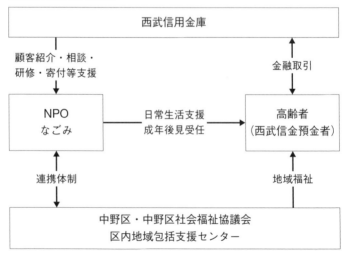

していた経緯もあって、西武むつみ会のなかでも、成年後見制度を勉強したいという希望者は受講していた。NPO法人設立の話が持ち上がった時に、利益相反の観点から、NPO法人で活動するスタッフは、金融機関の出向者ではなく、OB・OGのなかから選ぶことになったこともあり、それまでの受講者に白羽の矢が立った。現在の活動メンバーの多くは、認知症の親族がいる等、高齢者問題に取り組みたいという志のある参加者である。メンバー全員が、東京大学市民後見人養成講座を受講していたことが幸いし、法人としての成年後見制度に関する知識装備や、高齢者や障害者への理解等については十分な水準にある。

実際に活動するスタッフは、理事長を含め、現状5名である。全員で役割を分担しながら、事業企画・管理、実際の相談業務などを行っている。メンバーのなかには、仕事を抱えながら活動を行っている参加者もおり、日中は、すべてのメンバーが常時事務所で顔をあわせているわけではない。毎週月曜日と木曜日の日中の時間帯は、電話相談等を行っているので、交代で事務所に詰めている。実際の相談案件にあたっては、2名1組でペアリングして担当している。現状では、専任のマネジメント職を置くゆとりはないが、後見受任の開始に伴い、適切な運営管理体制の整備が課題となってくる。

NPO法人立上げ時には、西武信用金庫から寄付等を受けた。また事業所賃借などに関して、家賃補助等の一定の支援を受けている。まだ受任案件もなく、まとまった売上げが立って

いないため、メンバーへの報酬は支払われておらず、実費以外、全員手弁当で活動を行っている。

事業方針・活動エリア・目標等

　主たる事業内容は、成年後見制度に対する普及啓発（勉強会・セミナー開催等）や、定期見守りなどの日常生活支援、各種相談、法人後見の受任である。事業の展開方法は、広く後見ニーズのある高齢者のさまざまな生活サポート相談に乗り、定期見守り・安否確認等の「生活サポートサービス」（有料）を提案しながら、任意後見契約の締結や、法人後見の申立て・受任につなげていくビジネススタイルである。前章で紹介したNPOさいたまと同じビジネスモデルを踏襲している。SKサポートとは異なり、NPOなごみが全面的に成年後見事業を行うかたちで取り組んでいる（図表5 -11）。

　活動エリアは、西武信用金庫の営業店があるエリア全域であるが、金庫の本店があるお膝元の中野区内の営業店を中心に、情報収集や普及活動を行ってきた。メンバー全員が同じ住所地ではないため、中野区以外は、抱えている相談案件の場所での活動となっている。

　初年度は、見守り契約や後見受任の獲得件数等の具体的な目標は設定せず、中野区や中野区社会福祉協議会等の地域資源への挨拶回り・情報交換や、西武信用金庫の営業店に出向いて、支店長や年金営業担当者とのリレーション確保に重点を置いて活動を行っている。

図表 5 −11　西武信用金庫とNPOなごみの提供サービス

[西武信用金庫]

サービス名		サービス概要
商事信託転換機能付民事信託	「民事信託連携型リバースモーゲージ信託」	委託者兼受益者：西武信金の顧客／受託者：当初親族等・後継人ほがらか信託㈱ 自宅担保で専用ローン販売・商事信託への転換時は別途審査が必要
	「民事信託連携型自社株承継信託」	委託者兼受益者：西武信金の顧客／受託者：当初親族等・後継人ほがらか信託㈱ 相続発生時にあらかじめ定められた帰属権利者に自社株を交付
西武・ほがらか安心信託 愛称：こぶたの貯金箱		委託者兼受益者：西武信金の顧客／受託者：ほがらか信託㈱ 契約金額：100万円以上500万円以下／商品コンセプト：振り込め詐欺対策・相続発生時の預金凍結対応（引出し時は、信託会社に対する個別の「指図書」によるもの以外の出金は原則不可。信託会社は「指図」内容を精査のうえ出金手続を行う）

（出所）　西武信用金庫パンフレットより作成

[NPOなごみ]

サービス名		サービス概要
生活サポート相談		見守り、成年後見、介護、相続、遺言、死後事務、葬儀などに関する相談（初回は無料）
生活サポートサービス	トータルサービス	サポートスタッフが月3回（1時間程度）訪問し、月極めでトータルに対応するサービス 話し相手、買い物支援（代行・付き添い・注文サポート）、散歩・通院・金融機関付き添い、庭の草むしり、部屋の掃除、行政手続のサポート等
	スポットサービス	必要なつど、時間極めでスポットに対応するサービス 買い物付き添い・代行／通院・入院／外出・旅行付き添い／日常金銭管理／行政手続／整理収納／重要書類預り／公正証書遺言作成

（出所）　NPOなごみパンフレットより作成

活動状況・実績

　西武信用金庫に対しては、主に中野区内の営業店の支店長や年金営業担当者に向けて、普及活動や情報提供を行ってきた。現状では、支援対象となる高齢者の情報の入手先は、西武信用金庫の営業店に頼っていることから、営業店担当者の相談等に応じている状況である。

　NPO法人のお披露目も兼ねて、2015年10月、西武信用金庫の中野本店会議室において、西武信用金庫・中野区社会福祉協議会と共催で、成年後見制度に関するセミナーを開催した。当日は、110名を超える盛況となり、その後すぐに6つの支店から相談案件が持ち込まれた。そのうち現在進行中の5つの案件をフォローしており、成年後見（後見類型）の案件が1件ある。法定後見のため、NPOなごみが受任するとは限らないが、このほど無事に申立ての手続支援を行うことができた。ほかにも、見守り契約等の締結や、死後事務委任契約等のクロージングに向けた活動を行っている。開業1年足らずではあるが、まずまず順調な滑り出しであると考えられる。

　スタッフのメンバー5名は、ペアリングのメンバー同士で常時連絡を取り合っており、コミュニケーションは十分図られている。また毎月1回、全員で事務所に集まって定例の運営会議を開催して、活動の進捗状況を確認し合っている。

　また、信用金庫ルート以外の普及啓発活動としては、1月に初めて、デイサービス事業を行っている介護事業所において、利用者・家族向けのセミナーを開催した。出席者にも好評だっ

たことから、次回の開催依頼もきている。また、中野区や社会福祉協議会に対しては、勉強会や市民後見人養成講座の提案を行っている。西武信用金庫に対しても、職員向け勉強会や、顧客向けの成年後見相談会の共催を計画している。

(3) 今後の展望と課題

当面の計画・目標

当面の目標は、5件の相談案件のクロージングである。成年後見の相談案件は、法定後見のため、受任につながるかどうかはわからないが、申立支援として実績を残すことができた。第1期は、具体的な件数目標等を立てていたわけではないが、1件でも受任につながれば大きな弾みになるうえ、周囲からの評価がまったく異なってくる。

2015年10月のセミナー以降は、相談案件のフォローを中心に、今後の事業の柱となる「生活サポートサービス」の内容を詰めながら、契約準備を行ってきた。今後は、積極的営業店の年金営業担当者へのアプローチするとともに、中野区や社会福祉協議会との連携も深めていく予定である。自治体や信用金庫でのセミナーの講演等でアピールできれば、おのずと相談も増えてくると考えられる。

2016年度は、西武信用金庫に対しても、職員向け勉強会の開催等を計画しており、「生活サポートサービス」の契約や、成年後見の受任等も、具体的な件数目標を設定することを考えている。

将来の展望と課題

　現在は、西武信用金庫から受けた相談案件のフォローに集中しているところであり、数年後の展望までは描けているわけではないが、法人後見のみならず、任意後見契約の締結まで進みたいと考えている。さらに、中野区や中野区社会福祉協議会との連携が深まってくると、中野区長申立案件の受任の打診がくることも想定される。まずは早いうちに、後見の受任を獲得することが最大の課題である。

　実際に後見の受任が始まると、運営体制のあり方や、重要書類の保管等の体制整備も課題となってくる。本人から預かる書類等については、西武信用金庫の貸金庫を借り受けることが考えられる。現状は、ほとんどのメンバーが仕事や用事を抱えながら活動を行っているため、法人としての活動時には、メンバー間の予定の調整等には苦慮しているが、徐々に法人後見に相応しい体制に移行していく必要がある。

　その点でも、メンバーの増員は大きな課題である。年明けより、市民後見人養成講座の受講者のなかから人材を募集し、多少の増員のメドはついた。今後も、講座の受講はしているものの、十分な後見活動ができていない多数の人々に参加してもらえるよう、他の地域の市民団体とも交流を図り、情報共有等の活動やネットワーク化を図っていく予定である。

成年後見事業に対する評価と展望

　成年後見事業を考えるきっかけは、地域の大きな課題解決に

役に立ちたいということであった。成年後見事業そのものは、決して儲かるビジネスではないし、そこをねらっているわけではない。営業地域の困っている高齢顧客に対して、安心・安全なサービスを自分たち自身で提供するという信念や気持ちがないと、かたちだけまねてもうまくいかないと考えている。市民団体の組織づくりや運営もそうだが、特に自治体や社会福祉協議会との連携、介護事業者をはじめとする地域資源との連携等は、一朝一夕にできあがるものではない。

2015年10月に行ったセミナーでは、すぐに6件の相談が持ち込まれる等、大きな手ごたえを感じている。セミナーには自発的に参加する職員もいたことがわかり、職員の意識変革にもよい影響を与えている。信用金庫としては、金融機関と市民団体との協働モデル構築を目指しており、市民団体の船出を支援したらそれで終わりではない。NPOなごみとの連携をより深めることで、身体が不自由で来店がむずかしくなったり、判断能力に不安を感じるような状態になっても、安心してお金を預けていただけるようなサービスをさらに開発していく予定である。また、相続トラブルの解決策の一環として、信託会社と信託代理店契約を締結し、商事・民事一体型の信託スキーム等の提供を始めたところである（図表5－11）。

一般的にいって、市民がNPO法人を設立し事業を軌道に乗せていくのは、容易なことではない。NPOなごみが、これまでの市民後見人養成講座の受講者の受け皿として成長発展していけば、成年後見事業を志す市民にとっても大きな意義があ

る。NPOなごみに参加したメンバー自身もリタイヤメント層であり、身体的にも過大な負担はかけられない。キャパシティオーバーにならないよう、計画的かつ着実に業容拡大を目指し、地元の高齢顧客に安心していただけるサービス提供を目指していく。

4 金融機関の取組意義

(1) 成年後見制度の普及と発展
―― 権利擁護のゲートキーパー

　第2章で述べたとおり、成年後見制度の申立ての動機は、制度創設以来、「預貯金等の管理・解約」がトップを続けている。金融機関は、成年後見制度を普及させ、発展させていく重要なポジションにあり、また社会的責務があるといえるだろう。そこに、市民団体による成年後見制度の普及が加わることによって、介護保険契約や身上監護を理由とする成年後見制度の利用促進が期待できる（図表5－12）。

　配偶者や子どもによる本人名義の預金の払出しを拒むのは、後になって本人からその事実を否定されて、二重払いのリスクを避けたい、家族間のトラブルには巻き込まれたくないというのがホンネであろう。しかし、払出しの要件が形式的に整っていれば問題はないという姿勢のままで、金融機関としてまったく問題ないと言い切れるだろうか。ATMの場合や、今後は特にインターネットバンキングの場合はどうするのかといったことも大きな問題となってこよう。その顧客や家族とは長い付き合いがあり、顔がみえる関係だから払出しに応じてもよい、などと金融機関側の都合で便宜を図ったり、成年後見制度の利用の要否を判断するだけでは、本人保護につながらないと考えら

図表5－12　市民団体による成年後見制度の普及

預貯金等の管理・解約の割合＝42.3％（複数回答）

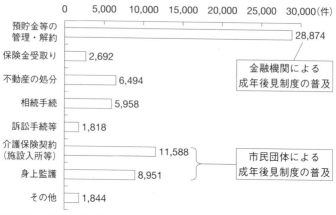

（出所）　最高裁判所「成年後見関係事件の概況（平成27年1月～12月）」より作成

れる。

　金融機関にとっては、本人が、自分の意思で、自分のためにお金を使うための払出しであることをどうやって担保するかが重要な課題である。お金の使い道に関して、顧客をよく知る本人の代弁者・代理人がいることは大きな担保となる。そこに本人の代理人となる市民団体を設立運営支援する意味がある。

(2) 地域経済の活性化――インターフェース機能

　国民の金融資産およそ1,700兆円のうち、60代の保有割合は過半に達するといわれている。経済的な観点からみた成年後見事業の最大の効果は、多額のストック財産を抱える高齢者層の

財産被害を防止し、消費等に回る資金の増加による経済活動の活性化に資することである。

　人は特に将来に対して安心を感じることによって、財布の紐を緩める。成年後見事業によって、老後の人生に対する安心を高齢者自身に感じてもらうことで、高齢者は安心してお金を使うことができるようになる。本人がこれまでの暮らしと同じように、さらには老後の楽しみにとっておいたことにお金を使い、あるいは子どもや孫の世代のためにお金を使う。高齢者自身が使いたいことに、心おきなくお金を使ってもらうという観点が重要である。60代の保有金融資産を仮に1,000兆円とする

図表5－13　インターフェース機能が地域経済を活性化する

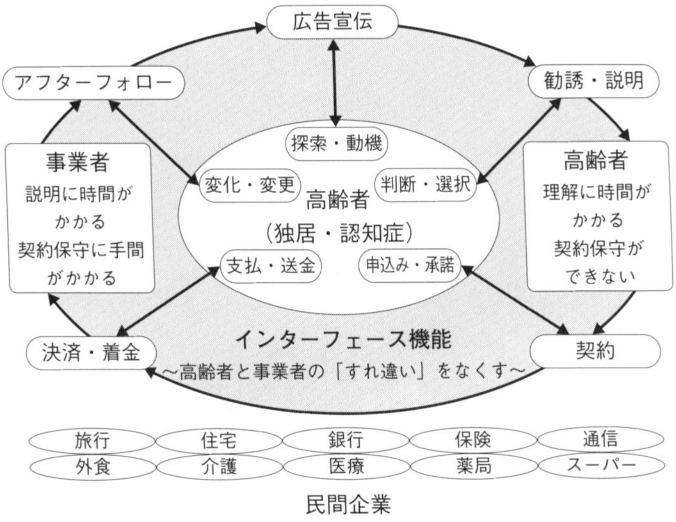

（出所）　JLSA資料より作成

と、仮に1％のお金が新たに消費に回れば、単純に計算しても8,000億円の消費税収増となる。

　沈みがちで気持ちに安定感がない、足腰が痛むので外出が億劫といった理由から、外出しづらくなっている高齢者がいる。小売業界も、採算性・効率性重視の店舗戦略で、日用品の買い物の空白地帯が生じる地域も出ている。そこで、お金を使いたい高齢者と、商品やサービスを提供する販売者をつなぐ「インターフェース機能」が必要になってくる（図表5-13）。成年後見事業を行う市民団体の大きな役割である。

(3) 地域のコミュニティづくり――「場」の提供

　地域コミュニティやソサエティが集まって活動するには、機能的な「場」にも増して物理的な「場」が必要である。第3章で紹介したウエルカフェは、物理的な「場」を提供することによって、うまく地域コミュニティに溶け込んでいる好事例であるが、公共的な使命をもった金融機関にも同様の可能性があろう。

　特に地域密着型金融機関は、狭い範囲の地域に集中的に店舗を有している。不良債権問題に追われている時期から時間も経ち、新店舗の出店や改装等の事例も出てきている。店舗も、従来のような事務的な店舗よりも、フレンドリーな雰囲気をもたせた店舗も出店されている。これから新店舗を改装・出店するのであれば、地域コミュニティが利用することも可能なスペースに配慮した店舗づくりも一考かと思う。

店舗内部のスペースを提供するとなると、防犯上の問題もあって、いつでも自由に利用してもらうことはむずかしいかもしれないが、物理的な「場」は、金融機関の店舗スペースや、新しくきれいな場所である必要はない。空き家になって困っている家、商店街の空き店舗や通り道などは、積極的に人が集まる有望な「場」として生まれ変わる可能性がある。そういう情報を収集し、運営に向けて地域社会に提案できることもまた、金融機関ならではのことである。

　地域包括ケアシステムは、街づくりであると述べたが（第1章および第3章）、地域の防犯や、商店街のリノベーションといった街づくりの観点からも、空き家の活用等による「場」の確保提供は、大きな意義がある。認知症施策の新オレンジプランでも、認知症カフェの推進が謳われているが、場所を確保することがむずかしいといった声も聞かれる。「場」の確保に関するニーズのマッチングは、大きな意義がある。

　第3章で紹介したウエルカフェの事例でも、企画運営機能を市民団体に任せることが課題であった。「場」づくりや運営にあたって、市民団体には大きな存在意義がある。

5 成年後見事業の概要

(1) ビジネス領域と事業展開

　金融機関の成年後見事業は、市民団体との協働による、身上監護を先取りした日常生活支援である。生活支援・財産管理・成年後見の３つの機能を三位一体で、ワンストップで提供するというビジネスモデルである（図表５−14）。

　金融機関等は、たとえば、安心した老後生活には１億円が必要などと、人々をある意味で不安にさせることで商売につなげてきた面がある。しかし、人生残された時間が多くない高齢者

図表５−14　成年後見事業のビジネス領域

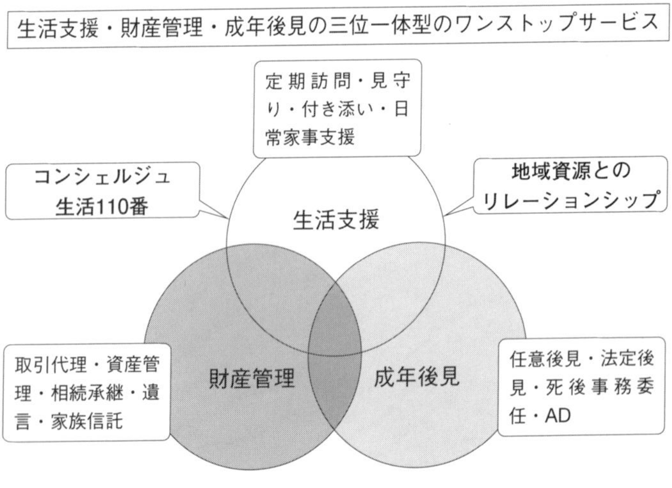

生活支援・財産管理・成年後見の三位一体型のワンストップサービス

- 定期訪問・見守り・付き添い・日常家事支援
- コンシェルジュ　生活110番
- 地域資源とのリレーションシップ
- 生活支援
- 取引代理・資産管理・相続承継・遺言・家族信託
- 財産管理
- 成年後見
- 任意後見・法定後見・死後事務委任・AD

には、不安を煽るのではなく、安心を与える必要がある。「介護の沙汰は金次第、老後の沙汰は金次第」といわれるが、いまの限りある資産をどうやって有効に使うか、そして残りの老後の人生をいかに満足して生きるかを、本人と一緒になって考えることが、日常生活支援におけるファイナンシャルプランニングの本旨である。

　日常生活支援の間に、高齢者本人はもちろんのこと、家族や親族等、周囲からの信頼関係も構築するなかで、今後の老後の生活を一緒になって考える。そのようななかで、成年後見制度を紹介すれば、素直に耳を傾けてもらえる可能性が高まる。一方で、相続や承継の相談にも突き当たる。顧客自身による気づきやニーズの顕在化を待って、提携する金融機関やサービス提供会社を紹介し、高齢者が抱える問題を解決する。金融機関からみれば、すでにニーズが顕在化している顧客の事案であり、クロージングする可能性も高くなる。後見ニーズが出てきたときには、成年後見制度の申立支援や後見人として受任を行う。このように市民団体と役割分担をしながら、日常生活支援から入って、成年後見につなげるというのが基本的な事業展開である（図表5-15）。

　ターゲットとする高齢者については、第4章で紹介したNPOさいたまの事例のように、地域特性をふまえたうえで、法人である市民団体だからこそ強みを発揮でき、また周囲から期待されるゾーンの高齢者等を中心に事業を手がけるのが理想と考える（図表5-16）。第2章でも述べたが、家族の人間関係

図表5-15 事業展開

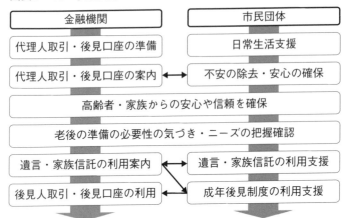

図表5-16 市民団体の成年後見事業の重点対象

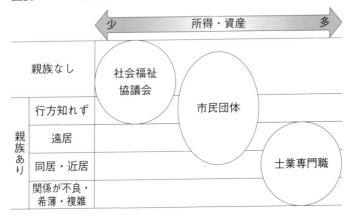

の複雑化は、成年後見の担い手にとってもむずかしい問題である。取組当初は、親族がいない・少ないような事案からスター

トさせるのが妥当な判断ではないかと思われる。

(2) 事業スキーム

　成年後見事業の主役は市民団体である。成年後見事業を行う市民団体は、自治体をはじめとする地域資源や、金融機関をはじめとするさまざまな事業者への普及啓発活動や情報交換等を行い、支援が必要な高齢者の紹介をもらう。高齢者からのさまざまな相談に応じ、定期的な見守りのほか、医療機関・介護事業者への付き添いや、さまざまな悩みを解決したいというニーズがあれば、日常生活支援の契約を締結し、必要なサービスを提供する。後見のニーズがあれば、任意後見契約や法定後見の申立てを支援する。法人後見に対して理解が得られれば、後見

図表5-17　成年後見事業のスキーム

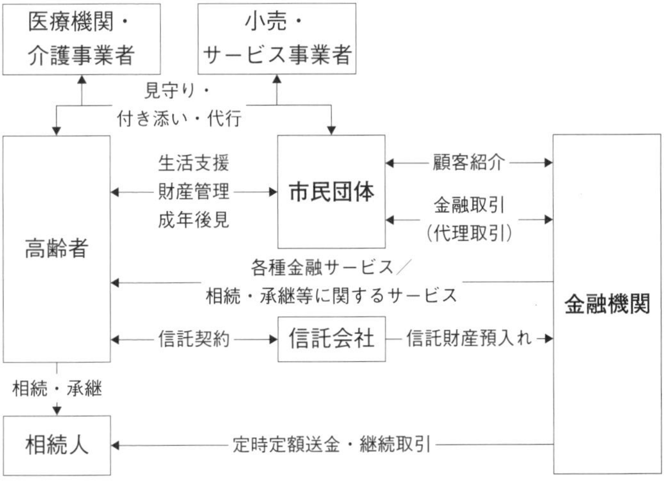

の受任手続に入る。相続遺言のニーズがあれば、市民団体が自らサービス提供することもできるし、金融機関や信託会社等への連携を行うことも考えられる(図表5-17)。

(3) 運営主体と設立方法

運営主体

　特に地域密着型を志向する金融機関にとっては、質量ともに重要顧客である高齢者の安心・安全な金融取引を提供することは重要な経営課題であり、いっそ本業として成年後見事業に取り組んでもよいのではないかと思われるが、以下のような理由から、金融機関から独立した別法人で取り組むことが望ましいと思われる。

① 銀行法の遵守……現状では成年後見事業は、銀行法における他業禁止の規定に抵触すると考えられるため、金融機関の本体または子会社・関連会社での取組みはややむずかしいものと解される。

② 利益相反の回避……この理由が最も大きいと考えられるが、金融機関(子会社・関連会社を含む)が成年後見事業に取り組む場合、成年後見事業のサービス利用者が預金等の既顧客であるとすると、当該顧客との間で利益相反が発生する。利益相反の回避には、独立した市民団体の存在が望ましい。

③ 業務の中立性・透明性の確保……成年後見事業は、高齢者本人との契約であるが、高齢者の家族や知人、医療機関や介護事業者、自治体等の地域資源関係者などとのネットワーク

のなかで成り立つ事業でもある。提供するサービスや事業は、できる限り中立性と透明性が求められると考えられる。

設立方法

　成年後見事業の担い手となる市民団体等の確保には、2つの方法が考えられる。

　1つは、金融機関の支援のもと新規に法人を設立する方法である。先に紹介した信用金庫の事例はこの方法である。金融機関のOB・OGを活用するのであれば、ほぼ自前で立ち上げたという言い方もできよう。この方法は、スタッフの人選・教育に始まって、自治体や地域資源等との連携構築など、立上げ準備の負担は少なくないが、自行庫の方針を徹底させる意味では、大きな意義がある。

　もう1つは、すでに成年後見事業に取り組んでいる団体や法人と提携する方法である。広島県内の4つの信用金庫が、公益社団法人成年後見センターリーガルサポートとの間で「成年後見制度の取次ぎサービス」を提携した取組み等は、この方法といえる。

　いずれの方法をとるかは、地元顧客に対し、どのようなサービスを提供し、他行との差別化を図るのか、金融機関側が、どのようなビジネス展開を描くのかという判断に従って決定すればよいと考えられる。

6 金融機関の取組メリット

(1) 金融取引の安全性

　支援者となる市民団体を利用した成年後見事業は、金融機関にとって高齢者との金融取引のリスクを低減させ、安全性を高める。

　金融機関の現場では、振り込め詐欺への窓口対応のほか、通帳名義と異なる者による払出請求のほかにも、通帳やキャッシュカードを紛失したといって再発行を何度も求めるケースや、店頭の窓口で返却したはずの通帳や現金を「返してもらってない」といって戻ってくるケースなど、窓口で高齢者対応に苦慮する事例がふえている。投資信託や保険などの窓販業務では、契約当時の判断能力の有無をめぐる主張など、本人の意思能力の確認については以前から注意が必要であったが、認知症高齢者の増加に伴い、その必要性がよりいっそう高まるものと思われる。このようななか、日常的な金銭の払出しや、通帳・キャッシュカードの管理など、市民団体が本人の代理人として金融機関と取引を行うようになれば、高齢者本人との金融取引の安全性は飛躍的に高まる。

(2) 成年後見制度へのスムースな移行

　成年後見事業は、日常生活支援から入って、成年後見につな

げるという事業展開である。日常生活支援を行っている間に、成年後見制度に対する普及啓発を行い、利用の促進を図る。

自己決定権の尊重という成年後見制度の理念から考えると、本人自身が信頼する人に後見を依頼する任意後見の利用が理想的であり、本人にとっても最も望ましい帰結点と考えられる。金融機関にとっても、提携する市民団体が日常生活支援団体・法人後見団体になることは、日常生活支援から成年後見制度の利用まで安心してお任せいただけるということを、顧客に対して最大限アピールできる。

(3) 相続・承継ビジネス等への波及効果

日常生活支援の対象となる高齢者は、心身に不安を抱えた状態であっても、判断能力の低下がさほど顕著ではないケースも多いと考えられる。したがって、本人が比較的元気なうちから、本人や家族・親族と接触を深め、信頼を確保することによって、金融機関本体のビジネスチャンスにつながってくる。

すでに本人の年金受給口座を獲得している場合は、防衛策としても有効な策となろう。さらに高齢者本人に相続（税）対策や、遺言、福祉型信託などさまざまな提案が可能になる。相続や継承にあたって選択肢が豊富にあれば、提案内容が案件として結実する可能性も高い。相談者の両親の世代がまだ存命であるケースも考えられるため、1つ上の世代の相続の相談になることも考えられよう。

金融機関は、高齢者本人との接触は多くとも、子世代などの

推定相続人との面識や取引については十分とはいえないことも多かろう。相続・承継ビジネスでは、本人が元気な間から、次世代とのつながりをつくっておくことが重要なポイントとなる。親身になって親の日常生活支援をしてくれた市民団体や金融機関に対して、すべての相続人が取引の継続を望むかどうかはわからないが、相続が発生してからでは遅いのである。

(4) 地域社会への貢献

　地域金融機関は、営業地盤である地域経済の発展によって長年収益を確保してきたことから、地域住民ができる限り元気で、安心して暮らしを送ることができるような地域貢献を行うことは当然といえよう。高齢者が抱える、生活・財産・健康等に対する多くの悩みや不安に対して具体的なサービスを紹介し、地域が抱える課題解決に取り組むことが、拍車がかかる人口減少に対して有効な解決策の一助となる。

　自宅に閉じこもりがちな高齢者を外へ連れ出すことによって、消費活動の増加も期待される。地域経済の活性化、ひいては地方創生の取組みとしても見逃せない活動である。地域包括ケアが街づくりという視点に立てば、空き家対策、古い団地やシャッター商店街のリノベーションにも貢献することになる。第3章で紹介したMBTの取組みは、その先駆けとなるであろう。

　事例で紹介した信用金庫の市民団体は、金融機関のOB・OGが参加メンバーである。金融機関のシニア行員は、長年にわた

る金融実務の知識や経験を積んでおり、成年後見事業では、最適な人材といえる。このような人材がソーシャルビジネスを始めることは、地域の雇用対策としての側面も大きい。

(5) 将来のビジネスの発展形

日常生活支援を事業とする市民団体にとっての強みは、顧客からの強い信認と、それに伴って真のCRM情報の入手が可能となることである。

第3章で紹介した、移動スーパー「とくし丸」は、80代以上の高齢者のダイレクトマーケティングチャネルとしても大きな期待が寄せられている。徹底した顧客理解と信頼に基づく顧客情報は、多くの民間事業者から注目を集めるものに違いなく、市民団体にとって、マーケティングという大きなビジネスチャンスが広がる。

エンディングノートの作成などライフプランを支援する業務は、高齢者を取り巻く人々、特に医師・看護士やケアマネージャーにとって非常に有益・重要な情報である。このような個人情報を顧客本人に成りかわってきちんと管理できる市民団体の存在は、支援者や事業者にとって大きな安心材料となる。ファイナンシャルプランニング、ライフプランニング、エンディングプランニングの3つが一体となることで、より真価を発揮するものとなろう。

金融機関は、窓販業務におけるアフターフォローに対して、やや積極性を欠くきらいが見受けられるが、市民団体が、投資

家である高齢者と同じ目線で悩みを聞く・相談に乗るといった活動が定着すれば、市民団体による実質的なアフターフォローの実現や、顧客満足度の向上にもつながるのではないだろうか。

第 6 章

成年後見事業の課題と展望

1 地域社会

地域コミュニティ

　地域コミュニティの1つに、古くから町会・自治会等があるが、構成メンバーの高齢化が目立つうえ、古くから住む住民による内輪組織になっていることや、役員活動の負担等から、新たに住民となった市民との間ですれ違いが生じている。都市化が進んでいる地域では、マンションなどの共同住宅の住民は、隣近所との挨拶を交わさないことすら珍しくない。新たに入ってきた住民は入り込む努力が必要であり、古くから住む住民は受け入れる寛容さが必要である。市民・市民団体が、成年後見事業を行っていくためには、まずは活動地域に、新旧住民が気軽に交流できる場をつくることが肝要だと考えられる。

街づくりと顔のみえるコミュニティ

　街づくりとは、その街に住まう住民が自発的・自然発生的に行うものであって、行政や自治体にいわれて行うような性質のものではないだろう。これからは、小さくてもお互いに顔のみえるコミュニティをたくさんつくっていくことが大切である。地域住民に古いも新しいもない、もっと住みよい街づくりをしたいという気持ちのある市民を快く迎え入れるコミュニティである。そのような地域コミュニティが、地域に溶け込み、地元住民からの信頼を得て、成年後見事業に取り組むのが、理想的

な進め方かと思う。市民活動は、町内に限る活動や、広域的な活動もある。現状の行政区割りに縛られる必要もないだろう。これからは、自治体ごとのタテ割りの組織ではなく、ヨコ串の組織を目指すべきかと思う（図表6－1）。

　顔のみえるコミュニティづくりの参考になる取組みの1つとして「まちライブラリー」を紹介したい。「まちライブラリー」は、六本木アカデミーヒルズで有料会員制ライブラリーを立ち上げた礒井純充氏が、2011年から提唱している私設図書館である。まちライブラリーとは、街のあちらこちらに本を置く場所をつくり、メッセージをつけた本をみんなで持ち寄って、本を通して知らない人と出会い、つながりをつくる活動である。「まちライブラリー」は全国で300カ所を超えた。オフィス、大学、自然のなか、お寺、カフェや店舗、病院、商店街やショッ

図表6－1　地域コミュニティの再構築

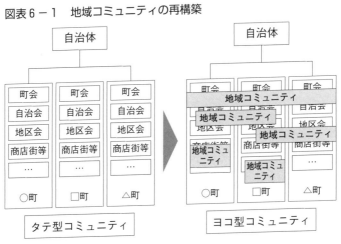

ピングモール、個人宅や古民家等さまざまな場所でオープンしており、公共図書館とのコラボレーションまで拡大している。

「まちライブラリー」は、本を集めるのではなく、人を集める場の提供であるところに本質がある。いわば、図書館の名を借りた地域のコミュニティづくりである。ライブラリーの参加者は「ゆるやかなつながり（weak ties）」によって結ばれており、特定の問題を解決することを目的としないコミュニティという考え方は、現代社会の新たな地域コミュニティづくりに大きな可能性を感じさせる。

地域の問題解決に向けて

市民・市民団体は、まずは活動する地域に認知してもらわなければならない。第3章で述べたとおり、地域連携とは地域資源への営業である（第3章2(4)持続可能な仕組みの確立に向けて）。地域の信頼を得るには、恥ずかしがらず、汗をかくことを厭わず、商店街や町会・自治会等いろいろな地域資源に飛び込み、対話をすることがコツである。介護事業者も、地域資源とかかわりをもちたがっている。市民・市民団体のほうから呼びかければ、喜ばれることだろう。ここ数年、成年後見の受任等を目的としたNPO等の市民団体が設立されたが、自治体や旧地域資源等との関係がうまくとれず、進展をみない法人が少なくない。成年後見制度の勉強をした市民が、地域に市民団体をつくったとしても、それだけで成年後見事業を進めていくことはむずかしい。地域資源や住民に対して、成年後見制度の必

要性を訴え、存在を認知してもらう努力が必要である。きちんと地域に根付くことが、市民後見人へのパスポートとなる。

　成年後見事業を行っていくためには、地域に「認知」され、地域から「信用」を獲得し、安心できる機能を「提供」するという3つのフェーズを踏んで、問題解決を目指すことが肝要である（図表6－2）。市民団体による成年後見事業は、一定の時間がかかるということを認識しなければならない。

図表6－2　地域の問題解決の順序

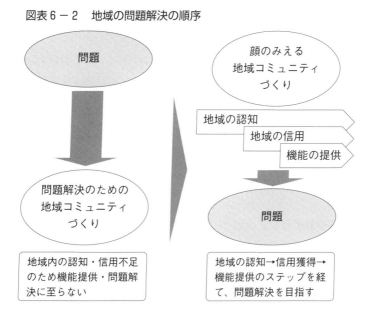

2 市民・市民団体

組織のマネジメントと事業の持続可能性

　市民団体の参加構成員は、法人格や営利目的の有無にかかわらず、平等参加が基本である。市民団体には、年功序列もなければ、男尊女卑もない。しかし、参加構成員のプロフィールやバックボーンはさまざまである。過去の栄光を捨てきれないエリートや、企業の論理を市民団体に持ち込む現役世代などもいる。参加者の目的やモチベーションもさまざまであり、営利企業にもまして、組織のマネジメントが重要である。

　参加メンバーは、老若男女さまざまだが、中核的なメンバーは、活動に時間を割ける中高年からアクティブシニアということになる。彼らもいずれは支援の対象になっていく。組織の運営を担っていく次世代のメンバーをどうやって確保するか、組織の継続性の問題がある。若年障害者等の後見を受任すると、長期間にわたる後見事務が待ち受ける可能性が高い。生半可な気持ちではなく、組織の継続性と事業の持続可能性について計画を立てていく必要がある。

事業基盤の確立と展開

　市民・市民団体は、サービスを提供した場合、少額でよいので対価をもらうのがポイントである。対価をもらうことは、無責任になることを防止し、確固たる事業基盤への足がかりとな

る。現行の後見報酬の仕組みを考えると、成年後見の受任だけで事業を成り立たせることはむずかしい。事業化のために成年後見の受任をするのでは本末転倒である。まずは、成年後見の受任以外での事業基盤をつくること、後見報酬に頼らなくても組織運営ができるような体制づくりが、後見人の不祥事対策の一環にもなる。

　市民・市民団体の本質的な役割は、よろず相談である。足りない情報や機能は、専門職・自治体・地域資源と連携し、補完していく。支援を求める人との間に顔のみえる関係を構築し、ハブ機能を発揮すれば、信頼関係に裏付けされたネットワークの形成につながっていく。

　一市民・市民団体が、ゼロから成年後見事業を始める場合、家庭裁判所からの信任は元より、自治体や社協、地域資源からのバックアップ・連携等、幾多の困難を伴う。とすれば、すでに活動実績がある市民団体に参加したうえで、必要な実務訓練を受け、事業のノウハウの伝授を受けた後、その市民団体が事業や地域を拡大するときに、新たに別の組織をつくる。いわば、のれん分けのような仕組みで市民団体を増やす方策が、有効ではないかと考えられる。

3 金融機関

受益者負担による代理人ビジネス

　成年後見事業は、本人を中心に置くという基本的な考え方の徹底である。受益者本人の負担で、本人の支援者や代理人を置くという点に大きな特徴がある。「顧客の囲い込み」という発想や思考回路を切り替えるには、成年後見事業はまたとないよい機会である。

　これまで金融機関は、圧倒的に情報量をもつサービス提供者と、それをもたない受益者という関係のもと、顧客である本人に対して、説明義務を果たすことに汲々としてきた。成年後見事業によって、受益者の代理人機能を用意・提供することになれば、提供者と受益者は対等な立場に近づくとも考えられる。将来の高齢者に対するサービスのあり方を変える可能性を秘めている。

　独立系FPは、保険代理店やセミナー講師、執筆などの副業をしながら、ファイナンシャルプランニングを行っている事業主が多いと思われる。本人から報酬を得て本人の支援者・代理人となって業務を行うという新たなビジネスの突破口としても期待できるだろう。

個人情報の活用

　成年後見事業が進んでいくと、金融機関よりも、むしろ担い

手となる市民団体が、個人情報の収集と活用に大きな役割を果たすようになる。日常生活支援や後見活動によって、市民団体が本人の情報の宝庫になっていくと考えると、それを本人保護のために適切に活用していくことが求められる。

　成年後見制度の利用を想定すると、本人のさまざまな情報をヒストリーで管理することも重要となる。生死にかかわる医療情報や服薬情報については、緊急時には最新の情報が求められる。情報の蓄積とリニューアルは、高齢者支援にとって、大きな課題となろう。

地域でお金を回す仕組み

　成年後見事業の主役である市民・市民団体の大きな課題に、財源の確保がある。お金が続かず、途中で事業を断念せざるをえない市民・市民団体が多い。

　高齢者支援という地域の課題を解決する地元の団体を、地元住民を中心に生活者全体で応援する。その支援によって、市民団体は、顔のみえる関係で地元の高齢者を支援するという好循環をつくることが望まれる。地元住民や生活者が、日常生活のなかから、少しずつ金銭的支援を行い、それを地元の高齢者等の支援を行う市民・市民団体の活動基金として蓄え、毎年一定額を市民団体の活動資金として補助するという資金循環の仕組み、エリアクラウドファンディングのような仕組みをつくることも十分に考えられるだろう（図表6－3）。地域でお金を回す仕組みづくりこそ、金融機関の本業である。成年後見事業は、

図表6-3 エリアクラウドファンディング

```
┌─────────┐    ┌─────────┐    ┌─────────┐
│  自治体  │──→│   基金   │←──│ 民間企業 │
└─────────┘    └─────────┘    └─────────┘
        バックアップ 運営補助 バックアップ
                   ↓
             ┌──────────────┐
             │  市民・市民団体 │
             │ （NPO・社団法人・│
             │   ボランティア） │
             └──────────────┘
  協働による              協働による
  福祉サービス等の提供     生活サービス等の提供
                日常生活支援
                   ↓
         ┌──────────────────────┐
         │  地元高齢者・支援対象者 │───消費購買
─寄付───│                      │
         │ 夜間住民 地域における生活者 昼間住民│
─寄付───│  （土着者 移住者 通過者）      │───消費購買
         └──────────────────────┘
                          勤労者・観光客・
                          買物客・遊び客等
```

地域経済の活性化にも貢献できると考えられる。

成年後見事業を契機とした顧客とのあり方の再考

　成年後見の利用促進にあたって、金融機関は社会全体から大きな期待をかけられている。顧客と接点をもつ職員に対しては、認知症・対象者への理解や、成年後見制度に対する普及啓発等は継続的に行っていく必要があろう。また、成年後見制度を利用する前の状態の高齢者に対して、積極的に日常生活支援を呼びかけていくことの重要性を認識してもらうことが必要である。

　金融機関は、これまで経営の効率化のもとに、チャネルは対

面から非対面（ATMやインターネット等）へ誘導し、顧客との関係を希薄化させてきた。マス取引の重視に加え、手間のかかる面倒な業務はしない（できない）といった事情もあったかと思う。また以前は、家庭内の揉め事のなかには踏み込まない（巻き込まれない）という考え方もあったとは思うが、今後は向き合う努力も必要かと思う。

　成年後見事業は、日本全国どこでも発生する高齢者問題の解決の一助となる重要な活動である。その社会的意義を理解し、積極的に地域にコミットすることは、地域金融機関として大きな存在意義となることは間違いないと確信している。

■おわりに

　長寿社会は、長生きという喜びと同時に、健康への気遣いや、介護への悩みをもたらしています。ヨーロッパでは、口から食事ができなくなったときには、無理な胃ろうや点滴は避け、終末期には、神父や牧師を呼ぶことが社会に浸透しているとも聞きます。晩年から終末期の過ごし方には、さまざまな考え方があると思いますが、自分が望む暮らしや終末期の過ごし方について、元気なうちに自己決定・意思表示をすませておくことは、個人の尊厳を守るとともに、現代における人生の必修科目といえるのではないでしょうか。

　高齢者が、できる限り元気な間に、将来に備えて早めの自己決定・事前の意思表示をすることがベターであることはいうまでもありませんが、本人の背中を押すきっかけをつくることも必要です。繍活を中心とする「現代版隠居」の仕組みづくりが、これからの超高齢社会を乗り越える大きな知恵となるでしょう。また、地域包括ケアシステムをよりいっそう進めるためには、自治体・医療・介護・企業・市民を結びつけ、推進する機能が必要と考えられます。本年4月には、成年後見制度利用促進法が成立しました。国民に対する成年後見制度の周知啓発や、後見人養成に向けた動きが加速すると思われるなか、市民後見人の活躍の場を確保し、適切な後見活動をサポートしていく機能も必要です。このような機能をもった推進団体を立ち上げ、活動を進めていく必要性もあって、2015年、全国地域生

活支援機構（略称JLSA）は産声をあげました。本書は、このような活動の一環として生まれたものです。

　高齢者を取り巻く問題が増加する一方、家族や社会の支援力が低下する現代社会にあって、地域社会における福祉や支援活動の担い手は、地域の住民・企業であると考えられます。地域の住民や企業が、身の回りの社会問題を、一握りの個人的な問題として片づけるのではなく、地域の問題として受け止め、主体的・積極的に取り組むことに尽きるのではないでしょうか。食品や生活用品の購入、移動、お金の出し入れ等で利用する小売サービス業、運送業、金融機関等は、高齢者の暮らしに密接にかかわっている機関であり、地域における医療・介護と並ぶ重要な担い手です。地域で事業活動を行う企業も、その地域社会を支えていく担い手として、自治体や、社会福祉協議会・地域包括支援センター、医療機関や介護事業者等と連携していくことが重要です。地域住民を取り巻く問題には、高齢者のほかにも、待機児童やダブルケアの問題もあります。市民、企業、大学、行政を結びつけて、問題解決を図っていくことが、私たちJLSAのミッションであります。

　2016年6月
一般社団法人全国地域生活支援機構

【参考資料・参考文献】

[序章]
○小池信行監修・粂智仁著『成年後見の相談を受けたときどうする⁉』日本加除出版
○内閣府「高齢者の日常生活に関する意識調査」「一人暮らし高齢者に関する意識調査」内閣府HP参照
○大塚宣夫『人生の最期は自分で決める』ダイヤモンド社

[第1章]
○ニッセイ基礎研究所：村松容子研究員「健康寿命に関する2つの誤解」ニッセイ基礎研究所レポート
○公益財団法人生命保険文化センター「平成27年生命保険に関する全国実態調査」生命保険文化センターHP参照
○経済産業省「買物弱者対策支援について」経済産業省HP参照
○厚生労働省「平成26年度　高齢者虐待の防止、高齢者の養護者に対する支援等に関する法律に基づく対応状況等に関する調査結果」厚生労働省HP参照
○安田朝子・木之下徹「認知症の経済被害と機会損失」(CLINICIAN '09 No.583)
○東日本高速道路株式会社ほか6社「高速道路における逆走の発生状況と今後の対策について」(2014年9月10日)
○警察庁「平成26年中における行方不明者の状況」警察庁HP参照
○厚生労働省「行方の分からない認知症高齢者等をお探しの方へ」厚生労働省HP（身元不明の認知症高齢者等に関する特設サイト）参照
○京都地域包括ケア推進機構「京都式オレンジプラン　京都認知症総合対策推進計画」
○社会福祉法人高齢者総合ケアセンターこぶし園：吉井靖子総合施

設長「こぶし園の地域包括ケアシステム構築に向けて」
○東京大学高齢社会総合研究機構：飯島勝矢准教授「虚弱・サルコペニア予防における医科歯科連携の重要性」
○一般社団法人日本老年医学会「フレイルに関する日本老年医学会からのステートメント」

[第2章]
○新井誠監訳・紺野包子翻訳『イギリス2005年意思能力法・行動指針』民事法研究会
○小林昭彦・大門匡編著『新成年後見制度の解説』金融財政事情研究会
○新井誠・赤沼康弘・大貫正男編『成年後見制度　法の理論と実務　第2版』有斐閣
○遠藤英嗣「信託法制等から「後見制度支援信託」を考える（上）（下）」（実践　成年後見No.56、57）

[第3章]
○橋本典之・島村八重子『ケアプランを自分でたてるということ』全国コミュニティライフサポートセンター
○島村八重子『はじめて介護保険を使うときに読む本』宝島社
○ニッセイ基礎研究所編『認知症ライフサポート研修テキスト』中央法規出版
○とやまNPO研究会編『NPOが動く　とやまが動く』桂書房
○東京大学高齢社会総合研究機構編『地域包括ケアのすすめ』東京大学出版会
○国立大学法人弘前大学「真の社会イノベーションを実現する革新的「健やか力」創造拠点」
○細井裕司・後藤春彦『医学を基礎とするまちづくり』水曜社
○梅田智広『超高齢社会が日本を変える！』産学社
○とくし丸「買い物難民を救え！　移動スーパーとくし丸」

[第4章]

○東京大学「後見機能実装型生活支援サービス創出支援事業成果報告書　地域生活サポート事業の創出」

[第5章]

○リサーチバンク「終活・エンディングノートに関する調査（2015年)」

有効回答：2,000件、調査期間：2015／2／5～2／6、対象者：60歳以上の全国男女

URLは、http://research.lifemedia.jp/2015/02/150218_endingnote.html

○一般社団法人財形福祉協会「認知症ケアパスを適切に機能させるための調査研究事業検討委員会報告書」

○斎藤修一「しんきん成年後見サポート―地域に根ざす金融機関が行う成年後見―」(実践　成年後見No.60)

○「「一般社団法人しんきん成年後見サポート」に聞く　法人設立の背景と成年後見制度普及への役割」(Financial Adviser2015年10月号)

○「特集　高まる成年後見ニーズへの対応」(週刊金融財政事情2015.8.24)

○「特集　高齢者と金融」(週刊金融財政事情2016.4.4)

[第6章]

○礒井純充『本で人をつなぐ　まちライブラリーのつくりかた』学芸出版社

■ 著者略歴 ■

尾川　宏豪（おがわ　ひろひで）

野村総合研究所金融ITナビゲーション推進部　上級研究員
1988年、慶應義塾大学法学部法律学科卒業。同年東洋信託銀行（現三菱UFJ信託銀行）入社。国内営業店にて個人営業や中小企業金融に携わるほか、審査や信用リスク管理・経営企画等に携わる。
2006年より野村総合研究所にて勤務、2014年10月より現職。現在、高齢者の事前の自己決定支援：DYO（Decide Your Own）プロジェクトを推進中。繍活を中心とする「現代版隠居」の仕組みづくり、金融機関の成年後見事業推進支援、成年後見制度の改善に向けた後見口座の研究開発等に従事。
〈主な著書〉
『金融機関の顧客保護等管理態勢』（共著、金融財政事情研究会、2008年）
『ABL取引推進辞典』（共著、金融財政事情研究会、2014年）　ほか
〈連絡先〉
hi-rode@nifty.com
本書に関するご意見・ご感想等をお寄せください。

一般社団法人全国地域生活支援機構
（Japan Local Life Support Association、略称JLSA）

心身に不安を感じ始めた高齢者や障害者等の日常生活支援から成年後見に至る「切れ目のないサポート」を、地域の市民団体と協働で実現することを目的に、2015年6月に設立。自治体・民間企業・市民団体のネットワークのハブ機能を果たすとともに、市民団体の活動をサポートするプラットフォーム提供を目指している。
企業とタイアップした民間版地域包括ケアや、法人後見支援、繍活プロジェクト、子育て支援等を推進している。成年後見制度利用促進法をふまえ、企業や自治体向けに、後見実務研修や市民後見人養成講座等を提案中である。
〈連絡先〉
事務所所在地：〒169-0073
　　　　　　　東京都新宿区百人町1-20-22　第2ムサシノビル2F
電話番号：03-5337-8052
HP：http://www.jlsa-net.or.jp
メール：info@jlsa-net.or.jp

KINZAIバリュー叢書
日常生活支援から始まる成年後見事業

平成28年7月27日　第1刷発行

著　者　尾　川　宏　豪
　　　　一般社団法人全国地域生活支援機構
発行者　小　田　　　徹
印刷所　三松堂印刷株式会社

〒160-8520　東京都新宿区南元町19
発　行　所　一般社団法人　金融財政事情研究会
　　　編集部　TEL 03(3355)2251　FAX 03(3357)7416
販　　　売　株式会社きんざい
　　　販売受付　TEL 03(3358)2891　FAX 03(3358)0037
　　　　　　　　URL http://www.kinzai.jp/

・本書の内容の一部あるいは全部を無断で複写・複製・転訳載すること、および磁気または光記録媒体、コンピュータネットワーク上等へ入力することは、法律で認められた場合を除き、著作者および出版社の権利の侵害となります。
・落丁・乱丁本はお取替えいたします。定価はカバーに表示してあります。

ISBN978-4-322-12898-7